E. BABELON

De l'Institut

NOTICE

SUR LA

MONNAIE

Extrait de la Grande Encyclopédie, t. XXIV.

PARIS

SOCIÉTÉ ANONYME de la GRANDE ENCYCLOPÉDIE

64, RUE DE RENNES, 64

1898

NOTICE SUR LA MONNAIE

E. BABELON

DE L'INSTITUT

NOTICE

SUR LA

MONNAIE

Extrait de la *Grande Encyclopédie*, t. XXIV.

PARIS

SOCIÉTÉ ANONYME de la GRANDE ENCYCLOPÉDIE

61, RUE DE RENNES, 61

1898

NOTICE SUR LA MONNAIE

MONNAIE. I. Définitions. — Dans un sens général, on
peut définir la monnaie *la mesure des valeurs*. Suivant
que les économistes englobent ou non dans cette expression la monnaie métallique, la monnaie fiduciaire, la monnaie représentative ou conventionnelle, ils en donnent des
définitions plus ou moins étroites ou étendues. Au xive siècle, Nicolas Oresme († 1382) définit la monnaie : « Un
instrument artificiellement inventé pour faciliter l'échange
des richesses naturelles. » Avec plus de précision, J. Boizard et Bouteroue, au xviie siècle, s'expriment ainsi :
« Pour donner à la monnoye une définition dans les règles,
on peut dire que c'est une portion de matière à laquelle
l'autorité publique a donné une valeur et un poids certains,
pour servir de prix et égaler, dans le commerce, l'inégalité
de toutes choses. » Mirabeau. en 1790. dans son célèbre
discours sur la monnaie, la définit : « Un objet revêtu de
la confiance publique, qui sert de mesure à tout ce qui se
vend. » Michel Chevalier dit : « La monnaie est un instrument qui, dans les échanges, sert de mesure, et par
lui-même est un équivalent. » Th. Mommsen : « La monnaie proprement dite, ayant une valeur intrinsèque, est

une matière précieuse dont la valeur et le poids sont garantis par le poinçon de l'État, et la monnaie fiduciaire est
le signe créé par l'État pour représenter une valeur quelconque. » E. de Laveleye : « La monnaie est l'objet ou
les objets que l'usage ou la loi fait employer comme moyen
de paiement, instrument d'échange et commune mesure
des valeurs. » M. A. Arnauné : « La monnaie est une
marchandise à laquelle le commun consentement des hommes
assigne la fonction de servir d'intermédiaire dans les
échanges, sous la forme de prix de vente et d'achat. »
M. Adolphe Houdard : « On désigne habituellement, sous
le nom de monnaie, dans un pays déterminé, l'ensemble
des instruments de paiement, pièces d'or, d'argent, de
cuivre, de nickel, billets de banque, assignats, etc., qui
servent couramment à faire des achats et à éteindre des
dettes et sont réunis dans un même système, dit système
monétaire. » Dans le langage courant, le terme de monnaie
est appliqué surtout, sinon exclusivement, à la monnaie
métallique. « Dans les pays civilisés, dit le *Dictionnaire
de Léon Say et Chailley*, la monnaie est un lingot de métal
précieux, de forme et de dimensions variables, dont l'autorité publique garantit le poids et le titre. » Citons encore
la définition de Littré : « Pièce de métal servant aux
échanges, frappée par une autorité souveraine, et marquée
au coin de cette autorité ; en d'autres termes, lingot dont
le poids et le titre sont certifiés. » Au point de vue juri-
dique, la monnaie est le moyen légal d'extinction définitive
des dettes et des obligations.

II. ETYMOLOGIE. — Le mot *monnaie* est dérivé du latin
moneta, et ce dernier vient, croit-on, de ce qu'à Rome
l'atelier monétaire officiel pour la frappe de la monnaie
d'argent était primitivement installé dans une dépendance
du temple de Junon *Moneta* au Capitole. L'épithète de
Moneta, « l'avertisseuse », avait été donnée à la déesse
parce que son temple se trouvait élevé à l'endroit même
d'où Manlius avait *averti* les Romains de la présence des
Gaulois cherchant à s'emparer du Capitole par surprise.
Un denier d'argent de la République romaine, frappé au
nom de T. Carisius vers l'an 48 av. J.-C., rappelle ces
souvenirs par des types qui nous montrent, sur une face,
la tête de Junon avec son surnom MONETA, et sur

l'autre face les instruments du monnayage : le coin monétaire, les tenailles, l'enclume et le marteau (fig. 1). Les
monetarii étaient, à Rome, les magistrats chargés de la
surveillance des émissions monétaires. L'atelier monétaire
du temple de Junon fut appelé,
par abréviation,
moneta, et ce
nom passa, dans
la suite, aux
produits qui en
sortaient. Antérieurement ou
même concurremment, les
Romains dési

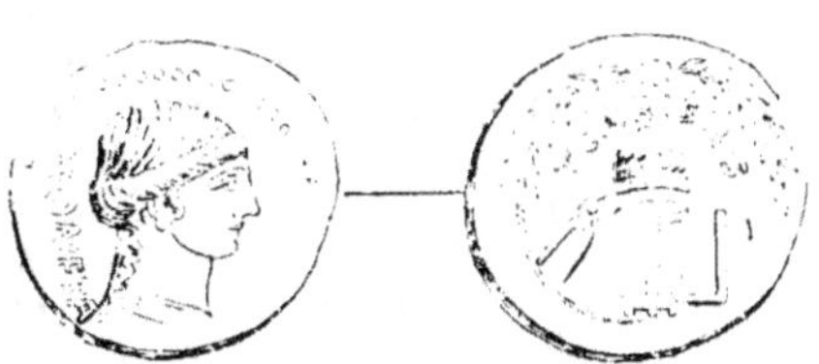

Fig. 1. — Denier romain de T. Carisius, aux types de Junon Moneta
et des instruments du monnayage

gnaient aussi la monnaie par les termes génériques de *aes*,
pecunia, *nummus* ; les Grecs disaient : ἀργύριον, νόμισμα,
χρήματα.

III. Origine économique et naturelle. — Considérée
dans son acception la plus large, la monnaie est aussi
ancienne que l'humanité, et ses origines se perdent dans
la nuit des temps ; elle revêt d'abord la forme du troc pur
et simple et se trouve ainsi présider aux relations commerciales les plus rudimentaires. Échanger, acheter, vendre,
commercer, en un mot, sont des opérations qu'on trouve
pratiquées dans toutes les sociétés primitives et qui supposent nécessairement l'*estimation* de ce que l'on échange,
de ce que l'on achète ou de ce que l'on vend. Pour estimer
un objet quelconque, il faut le compter, le peser, le comparer, le mesurer, et qui dit *mesure* dit unité conventionnelle : la *mesure par équivalence* est la monnaie, quelque
forme qu'elle revête. Je suis laboureur : Pierre, le pâtre,
m'achète un sac de blé et me donne en paiement un de ses
moutons ; ce mouton est, pour moi, l'*équivalent* de mon
sac de blé. Pour un autre sac de même contenance, j'achèterai à Jean, le chasseur, une fourrure qui me paraîtra
valoir aussi ce sacrifice. Ainsi, cette mesure de blé, surtout si je possède du blé en surabondance, deviendra la
base ordinaire de mes calculs et de mes opérations de trafic,
ma monnaie. Pierre et Jean feront respectivement le

même raisonnement pour les moutons et pour les fourrures.

Dans cet état primitif, la pratique des échanges devait éprouver des embarras quotidiens. Combien de mesures de blé valent ces bestiaux ? Combien de fourrures vaut cette pièce de toile ? Combien de mes poissons puis-je échanger contre ces légumes, contre ces produits de l'industrie des rivages maritimes ? Toutes questions bien aléatoires et auxquelles la réponse est très variable, suivant le temps, le lieu et mille circonstances occasionnelles. Les difficultés du troc, les problèmes constants que soulevait sa mise en pratique, amenèrent les hommes à choisir une denrée particulière dont la valeur, généralement consentie, servit d'échelle comparative, d'équivalent universel à la valeur de toutes les choses qu'ils avaient communément à troquer entre eux. Chaque tribu, chaque peuple adopta pour étalon et intermédiaire des échanges la marchandise le plus généralement recherchée chez lui, à cause de ses avantages, et qu'il pouvait tenir, pour ainsi dire, toujours sous sa main. Chez les peuples pasteurs, tout s'apprécia en bœufs et en moutons ; chez les peuples pêcheurs, les poissons, et chez les peuples chasseurs, les fourrures ou les peaux de bêtes remplirent le même office ; ce fut le blé, le maïs et l'orge chez les agriculteurs ; les ustensiles, les armes, les trépieds, les marmites ou chaudrons chez les guerriers et les métallurgistes ; les bracelets et les autres objets de parure, des coquillages même, dont la race frivole des sauvages se fait un ornement, eurent, chez eux, le privilège de servir de commune mesure à l'évaluation de tout ce qui pouvait être la matière d'un trafic.

L'époque moderne, aussi bien que l'antiquité la plus reculée, est féconde en exemples du rôle monétaire que peuvent jouer certains objets usuels chez les peuples simples. Ce que les voyageurs dans les pays nouveaux emportent le plus avec eux, ce ne sont pas des pièces d'or et d'argent, mais des produits divers de l'industrie européenne, capables de séduire les populations qu'ils doivent visiter et de les amener à céder en retour les productions naturelles de leurs pays. Dans le règlement des pêcheries de Terre-Neuve du 18 août 1823, c'est le poisson qui joue officiellement le rôle de monnaie ; chez les Lapons et les Esthoniens, les peaux de castor et les fourrures remplissent le même office, et, dans la langue de ces peuplades

des régions glacées, le même mot *raha* signifie à la fois *peau* et *monnaie*.

Les Indiens des États-Unis et du Canada se servaient, naguère encore, en guise de monnaie, d'un bijou appelé *wampum*, fabriqué à l'aide de deux coquillages marins, blanc et violet (le *buccinum* et la *venus mercatoria*), qu'on recueille en quantité sur les rives du golfe du Mexique. Des fragments de ces coquillages, d'une couleur lustrée, étaient taillés en petits cylindres d'environ 10 millim. de longueur sur 8 de circonférence, puis évidés et enfilés en chapelets. Dans le commerce, on les livrait à la mesure ; les noirs et les violets avaient le double de la valeur des blancs. En Chine, en Indo-Chine et dans certaines régions de l'Inde, on s'est longtemps servi de coquillages blancs, exportés surtout des îles Maldives et Laquedives, et généralement désignés sous le nom de *cauris* (la *cypræa moneta* des naturalistes). Cet usage primitif des cauris, qu'on retrouve aussi couramment en Afrique, comme moyen d'échange, a laissé des traces dans la langue chinoise, où le caractère *pei*, « coquille », est resté le radical de tous les mots qui se rattachent aux idées de richesse, d'achat ou de vente. En Corée, la denrée la plus usuelle, le riz, a servi longtemps de monnaie. Dans l'Annam, c'est le paddy ; chez les Tartares Mongols, ce sont des gâteaux de thé compressés sous forme de briques ; en Éthiopie et d'autres régions africaines, c'est le sel moulé en barres. Chez les Bahnars de l'Indo-Chine, les voyageurs signalent des usages que nous retrouverons identiques dans la Grèce homérique : les paiements en bœufs, en chaudrons, en petites haches. « Une tête, c.-à-d. un esclave mâle, dit M. E. Navelle (dans *la Cochinchine française*, XIII, 1887, p. 296), vaut selon sa force, son âge, son habileté, cinq, six ou sept buffles, ou le même nombre de marmites. Le buffle et la marmite ont la même valeur, qui varie naturellement avec la grosseur ou l'âge de l'animal, avec la grandeur et la qualité de la marmite. Un buffle adulte ou une grande marmite vaut sept jarres en terre de grès vernissée, de la forme des jarres chinoises et de la contenance de 10 à 15 litres. La jarre vaut quatre *muk*, nom d'une monnaie de compte valant dix *mat*, c.-à-d. dix de ces piochettes que forgent les Cédans et que tous les sauvages de ces contrées emploient comme instruments aratoires. Le *mat* est la plus petite valeur employée chez les Bahnars. » D'autres fois, ce sont des bestiaux qui servent de paiement.

Affirmer l'existence, dans l'antiquité, de coutumes pareilles à celles que nous voyons s'étaler sous nos yeux, chez des populations demeurées ou retombées dans l'enfance, c'est exprimer une vérité reconnue par tous les historiens. En Égypte, de nombreux bas-reliefs ou peintures, accompagnés parfois d'inscriptions explicatives, nous montrent le trafic par échange dans les bazars ou sur les marchés, où pêcheurs, chasseurs, laboureurs et bergers viennent troquer leurs produits contre des étoffes, des parfums, des bijoux et d'autres objets manufacturés que des artisans exposent complaisamment à leurs regards. Il en était de même en Assyrie et en Chaldée. Des contrats d'intérêt privé, rédigés en écriture cunéiforme, mentionnent la vente de champs dont le prix est énuméré en objets divers : lingots d'argent appréciés au poids, ânes, taureaux, chariots, étoffes, fruits, poutres de bois, etc. Le commerce des Égyptiens et des Phéniciens n'a jamais revêtu d'autre forme que celle du simple troc ; on voit leurs navigateurs installant sur les côtes des marchés volants, déballant sur la grève toute espèce de marchandises, surtout des étoffes de pourpre, des verroteries et des bijoux, rembarquant en échange les esclaves et les produits naturels que leur livrent les indigènes. Les Carthaginois, eux aussi, n'entendaient pas le commerce autrement avec les populations de l'Afrique (Hérodote, IV, 195).

Mêmes usages dans la Grèce homérique : le troc simple, avec l'usage de la balance et des autres mesures, lorsque l'établissement de l'équivalence des marchandises échangées l'exige. Sous les murs de Troie, les Grecs achètent du vin qui leur est envoyé de Lemnos : les uns le payent avec du cuivre ou avec du fer, d'autres avec des peaux de bœuf ou des bœufs vivants ; il en est même qui donnent en échange leurs femmes esclaves. Mais le plus souvent, c'est le bétail qui leur sert de monnaie, comme à tous les peuples qui mènent la vie pastorale et agricole. Un grand trépied de bronze vaut douze bœufs ; on paie quatre bœufs une femme esclave sachant bien travailler. Laërte livre vingt bœufs pour posséder Euryclée ; les franges d'or de l'égide de Pallas valent cent bœufs, et une hécatombe est

aussi le prix de la rançon de Lycaon. Comparant les armes
de Glaucos à celles de Diomède, Homère dit que les unes
valaient cent bœufs, et les autres neuf seulement. Ailleurs,
on échange un bœuf contre un chaudron. Les parents qui
vendent leurs filles à des époux reçoivent de ceux-ci un
certain nombre de têtes de bétail, suivant les cas, d'où
l'expression homérique, παρθένοι ἀλφεσίβοιαι, « les jeunes
filles qui rapportent des vaches » (*Iliade*, XVIII, 593).
Suivant une tradition conservée par Pausanias, la maison
de Polydore, fils d'Alcamène, roi de Sparte, était sur-
nommée βοώνητα, parce qu'elle avait été payée en bœufs.
Encore, vers la fin du VII° siècle, les lois de Dracon fixent
en bœufs le tarif des amendes ou des récompenses : pour
avoir tué un loup, on recevait en paiement un bœuf ou un
mouton.

L'habitude de considérer le gros bétail comme monnaie
ou étalon de la valeur de toutes choses était devenue si
universelle parmi les Grecs, que des vestiges en persis-
tèrent longtemps après l'invention du numéraire métallique :
c'est de là, sans doute, que les plus anciennes monnaies
de l'Eubée, de la Phocide, de Corcyre, de l'Italie centrale
ont pour type une vache, un bœuf ou une tête de bœuf.
Le mot βοῦς resta un terme populaire et conventionnel
pour désigner la monnaie métallique, et au temps d'Eschyle
on disait d'un homme dont le silence avait été acheté à
prix d'argent, qu'il avait « un bœuf sur la langue », βοῦς
ἐπὶ γλώσσῃ ; le mot κτῆνος, enfin, a le double sens de
« bétail » et de « richesse ».

L'histoire primitive des autres peuples de la grande
famille indo-européenne est parsemée de phénomènes semblables. C'est ainsi que le mot sanscrit *roupa*, qui signifie
« troupeau », a formé le nom de l'unité monétaire de
l'Inde, la roupie (*roupya*). Dans la Perse ancienne, les
paiements en bœufs et en moutons étaient constants à
l'origine ; on en a la preuve par l'Avesta, où ils sont encore
admis, concurremment avec les paiements en espèces sonnantes.

Chez les premiers habitants de l'Italie, tout s'estimait et
se payait en têtes de bétail. A Rome, un bœuf équivalait
à dix brebis, d'après Festus ; le même auteur nous apprend
que, pour les délits de peu d'importance, on payait deux
moutons, tandis que, dans les cas graves, l'amende pouvait

être portée jusqu'à trente bœufs. Comme chez les Grecs, un souvenir traditionnel de cet usage a persisté fort longtemps à Rome, car les lois Aternia-Tarpeia et Menenia-Sestia, votées en 454 et 452 av. J.-C., fixent encore, comme celles de Dracon, en bœufs et en moutons, le prix des amendes, concurremment avec l'estimation en métal monnayé. Le gros et le petit bétail étant ainsi, à l'origine, la principale richesse et formant l'étalon du paiement des marchandises, il est venu de là que le mot *pecus*, « bétail », a formé le mot *pecunia*, qui finit par s'appliquer exclusivement à la monnaie métallique, quand cette dernière fut seule employée dans les transactions. Le péculat fut un vol de troupeaux avant de devenir la concussion ; le mot « pécule » (*peculium*) a signifié un « petit troupeau » avant d'être synonyme de petit trésor d'argent. C'est encore l'habitude de compter le bétail par têtes, *capita*, qui a donné naissance au mot « capital », terme qui désigne exclusivement, dans notre langue, la richesse en numéraire.

Dans le N. de l'Europe et en Germanie, où la vie pastorale et agricole a persisté jusqu'à l'aurore du moyen âge, c'est aussi le bétail qui servait de monnaie. Les lois des Barbares fixent les compositions et les amendes en têtes de bétail aussi bien qu'en métal monnayé. Le mot qui signifie « troupeau » (en allemand *Vieh*) a formé le mot anglo-saxon *fee*, *feoh*, qui a le sens de « rétribution, salaire » ; on rapproche de même le mot *Schatz*, « trésor », du mot gothique *skatts*, qui signifie à la fois « trésor » et « troupeau ». Le *bétail-monnaie*, qui est un progrès sur le troc pur et simple, se trouve encore en usage dans les recueils juridiques de l'ancienne Irlande, de même qu'aujourd'hui chez les Ossètes du Caucase, en Indo-Chine, en Abyssinie et dans toutes les contrées asiatiques ou africaines, où les bestiaux et les troupeaux sont le principal élément de la richesse des tribus ou des familles.

Ainsi le choix de la marchandise-étalon faisant fonction de monnaie, dans les civilisations primitives de l'antiquité ou de nos jours, varie suivant les lieux et le mode d'existence ; il n'est dicté que par des considérations de convenance et de facilité d'emploi. Dès qu'à côté de la vie pastorale et agricole l'industrie se fut assez développée pour qu'on sût travailler les métaux et les utiliser dans la fabrication des ustensiles, des instruments de labourage,

des armes et ornements variés, on remarqua bien vite les
avantages qu'offraient ces métaux, ouvrés ou non, comme
intermédiaires des transactions, et leur commodité comme
marchandise-étalon. Les métaux sont moins altérables que
la plupart des autres marchandises ou denrées ; il est, par
conséquent, plus aisé de les garder longtemps en magasin,
sans risquer de les voir se détériorer ; on peut les accu-
muler facilement, les transporter, les fragmenter sans qu'ils
perdent rien de leur valeur. Ils sont utiles à tout le monde,
étant les indispensables auxiliaires de l'art du labourage,
de la chasse, de la pêche, de la défense sociale, du luxe
privé et public. Étant par cela même l'une des principales
matières du troc, ils furent employés d'abord concurremment avec le bétail-monnaie dans l'évaluation du prix de
toute chose : puis, leur adaptation à cet usage étant reconnue plus parfaite, ils finirent par prendre toute la place,
ne laissant plus au bétail que le souvenir traditionnel de
son ancienne prépondérance.

Dans leur utilisation monétaire primitive, les métaux
nous apparaissent, suivant les lieux, sous les formes les
plus diverses : pépites, poudre, lingots plus ou moins allongés et aplatis, pastilles globuleuses, ustensiles tels que
bêches, haches, marmites, hameçons, couteaux, bijoux,
bracelets, anneaux de toutes dimensions. De nos jours, les
Chinois se servent, pour remplacer la monnaie, de plaques
ou de briques d'or et d'argent qu'on pèse et qu'on livre
pour les paiements, comme nous livrons le fer ou le cuivre
pour les usages de l'industrie. Pour la commodité des opérations commerciales, les banquiers et les riches marchands
donnent généralement à leurs lingots des poids exacts, suivant une échelle régulière de 1/2 à 10 taëls pour l'or, de
1/2 à 100 taëls pour l'argent. Il est de ces lingots qui sont
aussi ténus que des fils de laiton, ce qui permet d'en rogner facilement la plus petite portion. Dès qu'un Chinois
achète quelque chose d'un prix trop élevé pour être soldé
en sapèques, il se munit d'un instrument destiné à couper
dans un lingot d'or ou d'argent ce qu'il lui faut pour
parfaire le paiement, car il arrive bien rarement que les
morceaux qu'il a avec lui concordent exactement avec le
poids dont il a besoin. Le taël qui pèse environ 38 gr.
désigne l'unité de poids, mais il n'est pas une monnaie :
comme il varie de ville à ville, et que le taël de Peking, par

exemple, est de 4 °/₀ moindre que celui de Tien-tsin, et dépasse de 7 °/₀ celui de Chang-haï, il importe, à chaque transaction, de désigner le taël dont on entend se servir. En outre, des discussions s'engagent presque toujours entre l'acheteur et le vendeur, sur le titre du métal dont l'alliage peut varier à l'infini. C'est pour éviter en partie ces contestations que des banquiers impriment leur poinçon personnel sur les lingots qui sortent de leur maison ou passent par leurs mains. Quelquefois, ce poinçonnement individuel, simple marque d'origine ou de fabrique, inspire assez de confiance pour dispenser de vérifier à la pierre de touche le titre de l'alliage. La facilité avec laquelle le public ou tel marchand accepte, sans contrôle, les lingots qui proviennent d'un établissement de banque ou de commerce déterminé tient à la notoriété honorable de cette maison, mais nul n'est obligé d'avoir confiance. L'autorité publique n'intervient jamais, soit pour forcer un particulier à accepter en paiement un lingot quelconque, soit pour en garantir le poids ou l'aloi.

Tout l'extrême Orient nous donne, aussi bien que la Chine, l'exemple des lingots de métal précieux circulant au poids en guise de monnaie. Le fameux trésor de Hué, pris par les Français, lors de la conquête de cette ville en 1886, et déposé actuellement à l'hôtel des Monnaies, à Paris, se compose de lourdes briques rectangulaires d'or et d'argent, sur lesquelles sont estampillés les noms des princes auxquels ont appartenu ces lingots. De telles tuiles, qui rappellent celles que Gygès et Crésus offrirent au temple de Delphes, ont des poids qui s'échelonnent depuis 10 taëls (385 gr.) jusqu'à un dixième de taël. En Birmanie, dans le Siam, au Laos et les régions voisines, les lingots métalliques qui servent de monnaie sont généralement des barres allongées : parfois ils affectent la forme de coquillages marins qui rappellent les *cauris* et sont un souvenir du temps où ces coquillages étaient le seul signe des échanges. Chez les Bahnars, c'est la marmite de cuisine qui est l'étalon des valeurs, comme chez les Grecs d'Homère. Parmi les tribus de pêcheurs échelonnées le long des côtes de l'Arabie et de l'Inde, ainsi qu'à Ceylan et dans les îles Maldives et Laquedives, l'hameçon de fer servit longtemps de monnaie principale. Cette monnaie de pêcheurs s'appelait *larin* ou *lari*, du nom de la ville de Lari, sur le golfe Persique ; les larins, en argent et en cuivre, étaient encore en usage au commencement du dernier siècle, et il en est qui portent des inscriptions arabes. Le poids des larins d'argent se rapproche souvent de celui de la roupie indienne (11 gr,65). Dans les îles Maldives, un larin d'argent était estimé 12.000 cauris.

En Amérique, les Mexicains payaient toutes choses avec l'or en poudre, en le gardant dans des tuyaux de plumes ; ils avaient aussi pour monnaie de larges plaques d'étain qui affectent la forme d'une ancre ou de la lettre T. En Afrique, partout des usages analogues : barres de métal, bêches, hachettes, paquets de fils de cuivre assemblés, bracelets servent de monnaie, concurremment avec le *cauri* ou le troc pur et simple.

Dans l'antiquité orientale et classique on constate des usages analogues à ceux que nous révèlent les sociétés contemporaines peu ouvertes à la civilisation. Les monuments égyptiens nous montrent tous les métaux, l'or, l'électrum, l'argent, le cuivre, le plomb, le fer employés comme signe d'échange. On les voit en monceaux de pépites brutes, en bourses ou petits sacs contenant de la poudre ou des paillettes d'or, en briques ou tuiles, en barres ou en plaques, en anneaux de différentes dimensions. On les pèse à chaque transaction. Des peintures égyptiennes représentent l'opération du pesage des lingots monétaires que les textes hiéroglyphiques appellent *tabnou* (fig. 2). Dans le but de se soustraire, autant que possible, à l'obligation de rogner sans cesse les *tabnous* pour ajuster le poids et les paiements, l'usage s'introduisit de tailler, comme nous l'avons constaté chez les Chinois, des anneaux ouverts de poids variables, mais gradués d'une manière fixe et en rapport avec les échelons du système pondéral : le *tabnou* vaut, suivant la contrée et les époques, de 90 à 98 gr. Sa principale division est le *kite* ou *kate*, la dixième partie du *tabnou*. On évalue et on paye toutes choses en *tabnous* : salaires des soldats ou des ouvriers, objets mobiliers, champs, maisons, céréales, esclaves, amendes judiciaires. Chez les Chaldéens, les Assyriens, les Juifs, les Phéniciens, les métaux dans leur rôle monétaire affectent la forme de briques ou tablettes plates, de lingots coniques ou pyramidaux, de poudre placée dans des cassolettes ou mise dans des sacs. Toujours il faut, comme en Égypte, avoir recours à la balance, et on ne les évalue qu'au poids : de là vient qu'en assyrien et dans les autres langues sémitiques le mot *saqal* signifie à la fois *peser* et *payer ;* et de ce mot dérive le nom de l'unité pondérale et monétaire, le *sicle*.

Fig. 2. — Égyptien pesant les *tabnous*.

La première transaction commerciale que mentionne la Genèse est l'acquisition par Abraham de la caverne de Makpela dont il voulait faire son tombeau. Le patriarche la paie « 400 sicles d'argent, tels qu'ils ont cours entre les marchands ». Il est fait, par ces mots, allusion au poids et au titre des sicles. Il faut de même reconnaître des évaluations pondérales dans les nombreux passages bibliques où il est parlé de paiements en sicles. Dans les transactions qui avaient lieu sur la place publique, au marché, vendeur et acheteur se servent de balances qu'ils portent toujours à la ceinture avec une série de poids en pierre ou en plomb.

Les Grecs d'Homère pèsent l'or avec un soin minutieux et l'évaluent en talents. Le talent d'or homérique était un poids très faible qui équivalait, suivant une hypothèse vraisemblable, au prix d'un bœuf, et se reliait par là à l'ancien état de choses où le bœuf était l'étalon monétaire. L'argent servait aux mêmes usages que l'or ; on l'échange le plus souvent sous la forme de lingots ou de coupes dont les parois sont garnies de scènes décoratives. Quant au bronze, lorsqu'il ne circule pas en lingots ou instruments divers, c'est sous forme de trépieds, de haches, de chaudrons (*lébétés*) qu'on le fait servir à évaluer les transactions. La valeur des chaudrons et des trépieds varie suivant les dimensions de ces objets et le travail d'ornementation qui les rend plus ou moins précieux. Un chaudron (*lébès*) est estimé un bœuf; un trépied de grandes dimensions et très orné est l'équivalent de douze bœufs. Dans l'évaluation des amendes édictées par les lois, un individu peut être condamné à payer 25, 50 et jusqu'à 100 chaudrons.

Longtemps après que l'usage de la monnaie eut été partout répandu dans le monde hellénique, Sparte continuait, par tradition, à se servir de lingots de fer comme intermédiaires des échanges. Ces lingots étaient désignés sous le nom de *pélanor*; ils pesaient chacun une mine éginétique, et pour en transporter six seulement, c.-à-d. environ 4.536 kilogr., il fallait un chariot attelé de deux bœufs. Chez les peuples de l'Italie centrale et chez les Étrusques, le cuivre, étant très abondant, fut choisi pour étalon commercial à côté des bestiaux. Dans son application monétaire, les historiens latins l'appellent *aes rude*, c.-à-d. cuivre brut. Les lingots étaient fractionnés en blocs plus ou moins considérables qui ne pouvaient être *estimés* (de *aes*) qu'à l'aide de la balance. Un grand nombre de ces blocs sont parvenus jusqu'à nous : leurs poids s'échelonnent suivant les divisions des divers systèmes pondéraux en usage dans l'Italie centrale.

À ces morceaux de cuivre brut ont succédé, dans la circulation commerciale, comme étalons de valeur, des tiges ou barres allongées, portant en saillie, sur l'une de leurs faces, des lignes parallèles, régulièrement espacées, séparées parfois par des points ou globules : d'autres fois, ces saumons de cuivre sont ornés d'une ligne qui en parcourt toute la longueur et à laquelle viennent se souder, comme à un axe central, des lignes transversales et plus petites : l'ensemble de cette décoration ressemble assez bien à une arête de poisson. Ces emblèmes rudimentaires dispensaient, dans la plupart des cas, de recourir à la balance : on se contentait de compter les points ou les lignes en saillie sur la surface des lingots.

2

Des usages analogues ont été signalés chez des peuples
modernes. Longtemps, en Russie, le rouble primitif circula
au poids, sous la forme d'un lingot d'argent allongé ; chez
d'autres peuples du N. de l'Europe, on s'est servi, jusque
dans le moyen âge avancé, de colliers, de bracelets,
d'anneaux d'or, d'argent, de cuivre, de fer, en guise de
monnaie.

Chez les Sarmates des rives de l'Hypanis et du Borys-
thène, les Milésiens avaient installé, vers l'an 600 avant
notre ère, une puissante colonie, Olbia, dont le principal
commerce consistait dans les pêcheries de thon et d'autres
poissons qui abondaient dans l'estuaire des deux fleuves.
N'est-il pas curieux de constater que les habitants d'Olbia
se servaient, en guise de monnaie, de lingots de cuivre
auxquels on donnait la forme même de poissons ? Il nous
en est parvenu des spécimens sur lesquels on lit ΘΥ, initiales du mot *thunnos* (thon) et ΑΡΙΧΟ, forme barbare
de *tarichos* (poisson salé).

IV. Période de la monnaie privée. — Nous venons de
constater que tous les peuples, anciens et modernes, en
arrivèrent, à la suite de tâtonnements et d'essais prolon-
gés, à choisir les métaux pour être l'équivalent universel
et la commune mesure de toutes choses. Ce lent progrès
s'est partout manifesté sans l'intervention directe de l'autorité publique, sans que l'Etat soit intervenu pour imposer
les bestiaux comme monnaie à la place du simple troc,
puis les métaux à la place des bestiaux. Et quand on eut
l'idée de graver certaines marques sur les lingots métalliques pour dispenser de recourir continuellement à la
balance, ce nouveau progrès fut encore l'œuvre de l'initia-
tive privée. Marchands, banquiers, orfèvres, chacun pouvait imprimer une marque quelconque sur les lingots
devenus sa propriété, en présumant que cette marque était
susceptible d'inspirer confiance au public par rapport au
poids et au titre des lingots. C'est la garantie individuelle
et privée, signe précurseur de la garantie de l'Etat, et qui
l'a précédée partout dans l'évolution historique et naturelle de l'invention monétaire. Dans l'état social, qui fut
celui de tous les peuples avant l'apparition de la monnaie
d'Etat, nulle mesure législative ne vient empêcher qui que
ce soit d'avoir son estampille monétaire : la loi n'intervient

pas davantage pour donner le cours forcé à ces lingots ainsi
poinçonnés. C'est la bonne renommée d'un riche négociant
qui donne, sur le marché, du crédit aux lingots portant son
nom ou son emblème. C'est ainsi que, tout naturellement,
à côté du principe de convenance et de facilité d'emploi, le
seul que nous avons vu jusqu'ici appliqué dans la recherche
de l'étalon des valeurs, il s'en introduit un autre, grâce
au développement de la circulation métallique : c'est la
confiance que doit inspirer tout lingot monétaire dans son
rôle d'équivalent universel, et cette confiance, c'est l'estampille qui tend à la garantir au public.

La monnaie privée, c.-à-d. non garantie par l'Etat, a
existé dans des civilisations rapprochées de nous. En Chine,
les *pitch'an* ou bêches-monnaie, les *pu-monnaie* ou couteaux, étaient jadis fabriqués et lancés dans la circulation
au nom et sous la garantie de marchands ou de corporations de marchands : il est de ces anciennes sapèques qui
portent, d'un côté, l'indication de leur valeur, et de l'autre
le nom du banquier ou du commerçant qui les a émises.
L'Inde a passé, comme la Chine, par la période du monnayage libre et individuel. Les lingots d'or et d'argent
qui, à côté des bourses, sont mentionnés dans les Védas
et dans les lois de Manou, étaient non seulement étalonnés
suivant des poids fixes, mais ils portaient, la plupart du
temps, des contremarques appliquées par des marchands.
Il existe dans les collections un assez grand nombre de
ces monnaies privées de l'Inde qui affectent les formes
les plus diverses : simples morceaux de métal aux contours informes, arrondis ou anguleux, ovoïdes, aplatis,
allongés, rectangulaires, coupés à l'emporte-pièce ; pastilles ou boutons de métal fondu, toujours ajustés suivant
un poids régulier. Ce qui fait, à nos yeux, le principal
intérêt de ces grossiers lingots, ce sont les contremarques
multiples dont leur surface est couverte, et qui ont été
parfois apposées successivement par plusieurs générations
de marchands ; aussi sont-elles des plus variées : lettres ou
monogrammes en écriture devanagari, astres, éléphant,
roue, serpent, palmier, vases, etc. (fig. 3).

Les lingots primitifs de la Russie, du poids d'un rouble,
de ses multiples ou de ses divisions, que nous avons signalés comme le principal intermédiaire du commerce à Kiev,
à Novgorod et dans d'autres villes, au moyen âge, étaient

émis par des manieurs de métaux précieux, marchands, banquiers ou orfèvres : ils étaient donc, sous leur forme rudimentaire, une monnaie privée, et ils sont souvent revêtus des contremarques des marchands ou des banquiers qui en garantissaient le poids et l'aloi vis-à-vis du public.

L'histoire de l'organisation des premières colonies européennes en Amérique ou dans l'extrême Orient offre aussi de nombreux exemples de monnaies ou de lingots estampillés par des particuliers ou des associations quelconques,

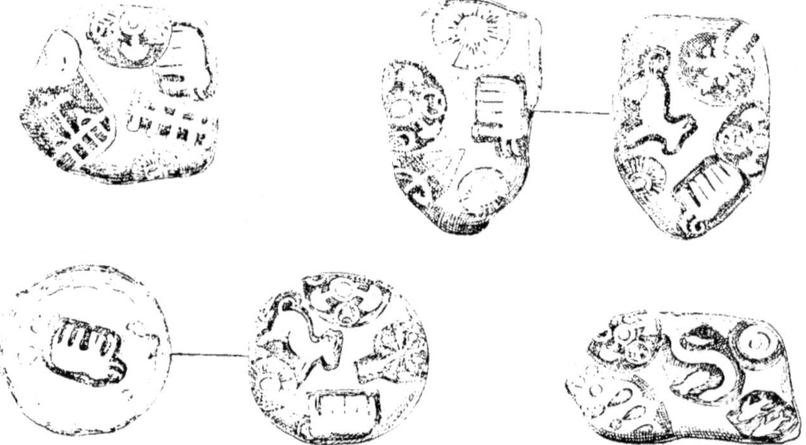

Fig. 3. — Lingots de l'Inde portant les contremarques de divers banquiers.

sans l'intervention de l'autorité souveraine. Au début de la colonisation anglaise des États-Unis, les immigrants du Massachusetts Bay (ancienne Plymouth) émettent, en 1606, des monnaies en dehors de l'autorité du roi d'Angleterre et malgré les protestations de la mère patrie. Les premières pièces frappées dans le Maryland, après 1632, le furent à l'effigie de Calvert, comte de Baltimore. Un orfèvre d'Annapolis (Maryland), appelé Chalmers, frappa, en 1783, des pièces commerciales en argent qui sont connues sous le nom de *Chalmers shillings*. De 1834 à 1844, de nombreux industriels et spéculateurs se mirent à frapper des monnaies, comme aussi à fabriquer du papier-monnaie qui, plus tard, reçut le nom méprisant de *shin plaster* (emplâtre pour les jambes) ; les monnaies de ces particuliers sont connues des collectionneurs sous le nom de pièces *taractiques* (ταρακτικός, globuleux) ; une manufacture de boutons, de Waterbourg (Connecticut) en fabriqua une énorme quantité. Lors de la découverte des mines d'or de la Californie, les entrepreneurs ou les compagnies émirent aussi des monnaies privées. Citons les pièces d'or de Betchler, dont l'atelier, situé à Rutherfordton (Caroline du Nord), frappait encore en 1851 ; dans une période de dix ans (de 1831 à 1840), Betchler frappa pour 11.209.200 fr. de pièces d'or, portant comme légende le nom et la résidence du banquier, ainsi que l'indication du poids et de la valeur. Il y eut aussi les monnaies de la Compagnie des changeurs de l'Orégon, au type du castor ; celles de Moffat et Cⁱᵉ de San Francisco ; celles de la banque des mineurs de San Francisco ; celles des Mormons ; celles d'Auguste Humbert, à San Francisco, émises en 1857 ; celles de la Compagnie des mines de Cincinnati (Ohio) ; de Baldwin et Cⁱᵉ ; de Dubosq et Cⁱᵉ ; de Schultz et Cⁱᵉ, etc.

Remontons à l'antiquité. Les *tabnous* égyptiens, les barres d'or, d'argent, de bronze, de fer souvent marquées d'incisions régulières ou de globules espacés avec calcul, ne sont autre chose que de la monnaie privée. Les banquiers grecs (τραπεζίται) dont les comptoirs, aux VIIIᵉ et VIIᵉ siècles avant notre ère, étaient le rendez-vous des gens d'affaires, la bourse, — qui tenaient le commerce et l'exploitation des mines, estampillaient les lingots qui sortaient de leurs caisses : pour éviter l'intervention de la balance et de la pierre de touche, ils en garantissaient ainsi le poids et l'aloi à leurs clients ; ces lingots estampillés étaient leur monnaie.

Les premières pièces grecques en or, en électrum et en argent que les numismates fassent figurer dans les médailliers, ne sont autre chose que de petits lingots globuleux, poinçonnés par les banquiers ou les manieurs d'or, tels que Sadyatte, Théocharidès, Pamphaès, Pythès, dont les noms sont cités par Hérodote et quelques autres historiens, dans le siècle de Cresus. Il en est en or, dont les poids s'échelonnent depuis 7ᵍʳ.12 jusqu'à 0ᵍʳ.30, qu'on a recueillis dans la region thraco-macédonienne qui s'étend depuis Salonique jusqu'à Cavala, et qu'il faut considérer comme les monnaies des plus anciens propriétaires des célèbres et riches mines d'or de cette contrée.

En Asie Mineure, où des mines d'électrum étaient exploitées dans les gorges du Tmolus et du Sipyle, et où l'on passait au crible les sables aurifères du Pactole, les banquiers ou entrepreneurs ont commencé de même à émettre des monnaies d'électrum sur lesquelles sont, d'abord, des marques grossières et indéfinissables, en relief d'un côté, en creux sur l'autre face du lingot globuleux. Bientôt arrive le moment ou, tandis que le revers continue toujours à recevoir des empreintes creuses, multiples, le droit est orné d'un symbole ou image en relief ; c'est le *type* monétaire. Les lingots cessent d'être de simples ϕϑοίϑες estampillés, comme ceux de l'Inde ; ils deviennent de véritables monnaies, et ce progrès, chez les Grecs des bords de la mer Égée, se manifeste au viie siècle. Le type monétaire variable est, néanmoins, fort simple : un fleuron, une tête de lion ou un lion entier, un bœuf, une tête de cheval, un bélier, un poisson, un sanglier, un cerf, un oiseau, une roue. Ce sont là, au moins pour la plupart, les emblèmes des villes diverses dans lesquelles les pièces étaient émises et devaient circuler. Il en est même qui sont des armes parlantes, comme le phoque sur les premières monnaies frappées à Phocée. Mais les empreintes creuses du revers, si nombreuses et si variées, sont les marques des banquiers et des marchands : rien ne dénote en elles l'intervention de l'autorité publique. Voici deux spécimens de ces curieuses pièces primitives :

1° Surface striée, sans empreinte de coin monétaire : R'. Empreinte creuse formée par trois poinçons, dont un rectangulaire et allongé, placé entre les deux autres de forme carrée et plus petits : dans l'empreinte centrale allongée, on voit en relief, au fond du creux, un renard courant ; dans le petit carré

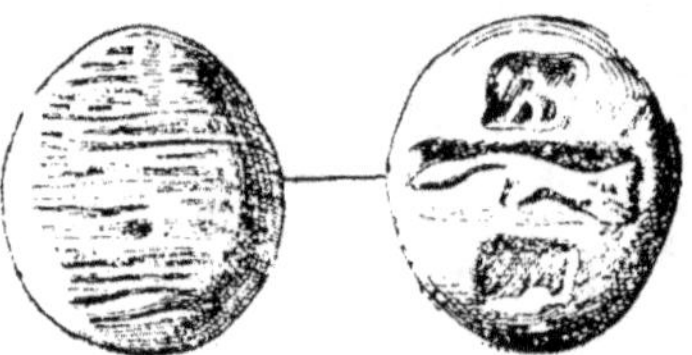

Fig. 1. — Monnaie primitive, d'un banquier incertain. Electrum.

du haut, une tête de cheval ou de cerf ; dans celui du bas, une fleur à quatre pétales. — Lingot ovale et globuleux (14ᵍʳ,19) (fig. 4).

2° Le second spécimen porte le nom du banquier Phanès : cerf marchant à droite, en baissant la tête pour brouter ; au-dessus la légende rétrograde, en caractères archaïques : Φάννος ἐμὶ σῆμα (je suis la marque de Phanès). R'. Empreinte creuse

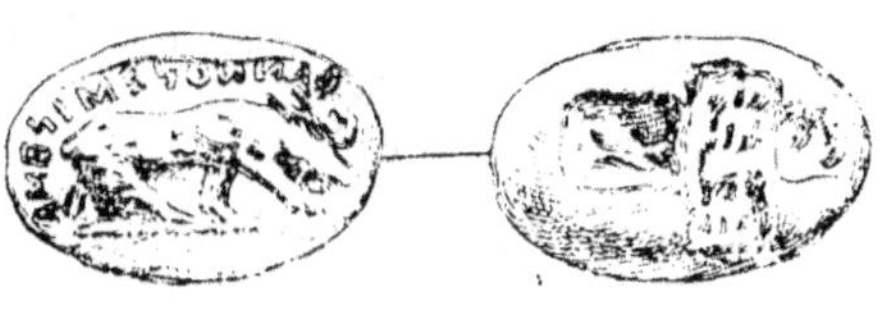

Fig. 5. — Monnaie du banquier Phanès. Electrum.

formée par trois poinçons, l'un rectangulaire et allongé placé entre les deux autres, carrés et plus petits. — Statère d'électrum (14ᵍʳ,06) (fig. 5).

La monnaie privée ne fait pas seulement son apparition dans les sociétés en voie de formation comme celles que nous avons citées jusqu'ici ; on la voit circuler encore dans les sociétés désagrégées et où l'autorité publique est impuissante à faire sentir son action. Aucune période de l'histoire ne nous fournit mieux que l'époque mérovingienne une éclatante application de cette théorie. Après la chute de l'empire romain, au milieu du grand bouleversement causé en Occident par les invasions barbares, le droit souverain de battre monnaie, qui s'exerçait en Gaule dans trois ateliers impériaux, cessa d'être respecté. Quiconque avait de l'or en sa possession s'arrogea le droit de le convertir en monnaie, imitant, pour donner du crédit à ces espèces nouvelles, les types de la monnaie impériale, mais substituant, comme garantie, son propre nom à celui de l'empereur. Aussi, depuis le milieu du viᵉ siècle jusqu'après l'avènement de Pépin le Bref qui restaura à son profit le droit régalien, on trouve en Gaule trois catégories de monnaies : les monnaies royales, les monnaies des églises, et enfin les monnaies des maniers d'or et des orfèvres qui prennent le nom de *monetarii*. Ces dernières portent généralement, sur une face, le nom de la localité où elles ont été frappées, et sur l'autre face, le nom du monétaire. Telle a été leur abondance que l'on connaît les noms de douze cents monétaires mérovingiens frappant dans plus de huit cents localités différentes.

Ainsi, dans la Gaule mérovingienne, comme en Chine et dans l'Inde, comme en Amérique et dans la Grèce du VII⁰ siècle, tout le monde peut battre monnaie, depuis le souverain et les corporations ou associations quelconques, jusqu'au propriétaire rural, au marchand, au banquier et même jusqu'au plus petit manieur d'or ou orfèvre de village. L'estampille ou type inspire confiance aux uns, comme elle peut provoquer la défiance des autres ; il n'y a point de cours forcé. L'orfèvre qui monnoye devait être tenté souvent d'altérer le titre des espèces pour grossir ses bénéfices ou pour paraître frapper à meilleur marché que ses concurrents. C'est pour ce motif que les textes contemporains tiennent en si grand honneur la probité des orfèvres ; saint Eloi devint ministre parce que le roi put constater qu'il n'avait pas altéré l'or qui lui avait été confié comme orfèvre. C'est pour cela aussi qu'on stipule avec soin, dans les contrats de vente, que les paiements s'effectueront en *solidos probos et bene pensantes*. En effet, le titre des monnaies mérovingiennes, comme celui des pièces primitives en électrum d'Asie Mineure est des plus incertains : les monétaires ne se sont pas fait faute d'abuser de la confiance du public.

En résumé, dans l'histoire, la pratique du monnayage privé s'est manifestée chez les peuples qui n'avaient pas encore achevé leur formation sociale, soit que cette formation fût l'œuvre lentement progressive du temps, soit qu'elle fût en quelque sorte accidentelle et brusque comme celle des colonies anglaises en Amérique, celle des colonies grecques échelonnées le long de la côte d'Asie Mineure, ou celle des Francs mérovingiens. Dans les deux cas, c'est l'activité commerciale qui fait éclore ce moyen d'échange imparfait, sans doute, mais déjà bien supérieur au système de l'essayage des lingots sur les plateaux d'une balance. Cependant, il avait lui-même encore de graves imperfections. Partout il donna lieu aux abus les plus criants, surtout au point de vue du titre des espèces lancées dans la circulation : le public était impudemment trompé, sans être, le plus souvent, à même de reconnaître ou de faire punir la fraude. En outre, les pièces estampillées par les marchands, les orfèvres ou les banquiers ne pouvaient nécessairement être reçues, avec leur caractère fiduciaire,

que dans une aire géographique assez restreinte : celle
dans laquelle les signataires des pièces étaient connus. La
garantie de leur nom ne comptait pour rien dans les pays
où ils étaient ignorés; leurs pièces n'y circulaient pas,
ou elles n'étaient, comme les monnaies étrangères dans les
sociétés modernes, admises que comme des lingots bruts
dont il fallait expertiser le titre et le poids. Le développement du commerce extérieur fut donc une des causes
qui provoquèrent la création d'une monnaie dont la
garantie eût une portée plus étendue. D'où il suit que la
monnaie privée répond à un état social moins avancé que
la monnaie garantie par l'État; elle représente une phase
de la vie des peuples où le fonctionnement de tous les
rouages sociaux n'est pas encore bien assuré.

On voit par là combien est erronée l'opinion des économistes qui proposent actuellement de retourner au système
du monnayage libre et individuel. Herbert Spencer soutient
dans sa *Social Statics* que le monnayage doit être abandonné à la libre concurrence du commerce. « De même,
dit-il en substance, que nous nous fions à l'épicier pour
nous fournir du thé, et au boulanger pour nous fournir du
pain, nous pourrions nous fier à la maison Heaton et fils,
ou de même à quelque autre maison entreprenante de Bir-
mingham, qui nous fournirait les *souverains* et les *shillings*, à ses risques et périls. » Herbert Spencer s'imagine
que, de même que chacun de nous s'adresse de préférence
au fournisseur qui lui vend des denrées de qualité supérieure, nous irions frapper à la porte du monnayeur qui
aurait la réputation d'être le plus honnête et de fabriquer
la meilleure monnaie. On saisira tout à l'heure mieux encore pour quelles raisons de pareilles conceptions théoriques
méritent à peine d'être discutées.

V. LA GARANTIE DE L'ÉTAT. — Les origines historiques
de la monnaie, telles que nous venons de les exposer, dé-
montrent jusqu'à l'évidence que l'instrument des échanges
est essentiellement un *équivalent*, et que c'est à ce titre
seulement qu'il a pu conquérir la confiance du public.
L'individu qui achète veut naturellement recevoir une valeur
égale à celle de la marchandise qu'il vend : *do ut des*,
disent les jurisconsultes romains. Lorsque, progressive-
ment, par le libre développement des relations commer-

ciales, le métal s'est substitué, comme étalon de la valeur
de toutes choses, aux bestiaux, au blé, au poisson, aux
pains de thé de la Mongolie, aux gâteaux de sel des Abys-
sins, aux fourrures des Moscovites, au cacao des Mexicains,
il était considéré comme un équivalent. Si les lingots sans
estampille étaient vérifiés à la pierre de touche et à la
balance, n'était-ce pas que celui qui les recevait avait lieu
de craindre qu'ils fussent des équivalents insuffisants ?
Quand des banquiers ou des orfèvres jugèrent à propos de
les estampiller à leurs armes ou à leurs noms, n'était-ce
pas encore pour en garantir l'équivalence ? Et si l'autorité
publique enfin s'arroge, dans l'intérêt de tous, le droit
d'estampiller seule les lingots, c'est parce qu'elle prétend
être mieux que les particuliers en mesure de garantir le
poids et l'aloi, c.-à-d. l'équivalence des lingots, intermédiaires de toute opération commerciale.

A l'encontre des étalons des autres mesures, comme le
mètre, le litre, le gramme, qui sont des mesures abstraites,
l'étalon des valeurs est intrinsèquement une valeur lui-
même : le bétail, le blé, les pelleteries, les métaux inférieurs ont une valeur commerciale ; il en est de même de
l'or et de l'argent qui ont toujours été très recherchés,
même chez les populations préhistoriques ou sauvages. Ils
ont par eux-mêmes une valeur, et nous pouvons, dès maintenant, formuler le principe suivant qui découle de tout ce
qui précède : *La monnaie métallique, instrument ordinaire des échanges, ne vaut que par la quantité de
métal précieux qu'elle contient.* Lingot et monnaie,
c'est tout un. L'estampille ou le type monétaire ne sont
que des expédients commodes et pratiques qui dispensent
de recourir à la balance ou à la pierre de touche pour
s'assurer si la valeur métallique d'un lingot ou d'une pièce
est adéquate à sa valeur nominale. L'histoire du développement naturel et spontané de l'étalon des valeurs pro-
teste donc contre la théorie des économistes qui voudraient
considérer la monnaie seulement comme le *signe représentatif* de la valeur des choses échangées, prétendant
que c'est la loi seule qui décrète la valeur de l'or et de
l'argent. Ils commettent une erreur historique contre laquelle ne saurait prévaloir l'autorité même d'Aristote
(*Politique*, I, 6) sur laquelle ils aiment à s'appuyer.
Isidore de Séville, à la fin des temps antiques, résume la

vraie et saine doctrine quand il dit : *In numismate tria quæruntur : metallum, figura et pondus; si ex iis aliquid defuerit, numisma non erit.*

J.-B. Say, Michel Chevalier, Stanley Jevons et d'autres encore ont également, a l'époque moderne, proclamé le caractère d'équivalent de la monnaie. « La monnaie, dit J.-B. Say, n'est pas le signe (représentatif) ; elle est la chose signifiée. Elle ne représente pas une valeur, elle est une valeur. Celui qui vend ne la reçoit que dans la conviction que la valeur qui est en elle égale la valeur de la marchandise qu'il fournit. » Michel Chevalier, parlant des abus auxquels la doctrine contraire a donné lieu dans les sociétés modernes, en provoquant l'extension immodérée de la monnaie fiduciaire dont nous définirons plus loin le caractère et le rôle, s'exprime ainsi : « Une fois qu'il était admis que la monnaie cessait d'être un équivalent, ainsi que les hommes l'avaient conçue et instituée, pour n'être plus qu'un signe, il devait arriver qu'on allât bien au-delà du changement qui avait consisté à diminuer la quantité de métal fin contenu dans chaque pièce de monnaie. On était sur une pente qui devait conduire à substituer à l'or et à l'argent d'autres métaux moins appréciés, et même d'autres substances plus dépourvues de valeur intrinsèque, finalement de simples inscriptions sur le papier. C'est ainsi, en effet, que les choses se sont passées ; il est peu de pays qui n'aient eu leur papier-monnaie. Le papier-monnaie est la formule extrême de cette idée que la monnaie est un signe. L'idée étant donnée, l'émission du papier-monnaie en découle tout naturellement. Sous cette forme nouvelle, la notion de la monnaie-*signe*, substituée à celle de la monnaie-*marchandise*, a attiré des désastres sur les nations, et particulièrement sur la France. Ce fut notamment la base de l'échafaudage que dressa Law et qui, en s'écroulant, couvrit la France de ruines et de honte. » (Michel Chevalier, *la Monnaie*, 2ᵉ éd., p. 52.)

Si la monnaie métallique est, par son essence même et son origine, un équivalent, il en résulte que sa valeur intrinsèque doit être rigoureusement égale à sa valeur nominale. Celui qui la fabrique et qui l'émet n'a pas le droit de l'altérer. Lorsque, par son estampille, un marchand, un banquier, un orfèvre atteste que le lingot qu'il me livre vaut un statère d'or, s'il s'est avisé d'altérer le titre de ce lingot et de remplacer par une matière vile une partie de l'or nécessaire pour représenter la valeur commerciale d'un véritable statère d'or, il me trompe et il lance dans la circulation commerciale une fausse monnaie. Lorsque je lis la mention *20 francs* sur un napoléon, avec le nom et les armes de l'Etat, cela signifie que l'Etat me garantit que la pièce a réellement une valeur de 20 fr. d'or. Et cette valeur n'est conférée à la pièce ni par son nom, ni par son type ; elle résulte de la nature intrinsèque du métal et de son poids. L'Etat n'a fait que la constater par son estampille. Si je porte à l'Hôtel des monnaies, à Paris, un lingot d'or valant 20 fr. au poids, l'Etat, qui se charge de la frappe et en prend le monopole, doit me rendre une pièce de 20 fr. S'il altère le métal, s'il n'y laisse, par exemple, de l'or que pour 10 fr., remplaçant le surplus par du cuivre ou toute autre matière vile, il ne me rend réellement que 10 francs sur 20 que j'ai déposés à son officine monétaire : il abuse de ma confiance, il me vole, il se constitue à l'état de faux monnayeur. De là les troubles profonds occasionnés par l'altération des monnaies lorsque des gouvernements peu scrupuleux ou mal éclairés, et croyant conjurer par là des crises financières, ont cru pouvoir recourir à ce procédé déloyal. L'expérience de tous les siècles est là pour attester que la fausse monnaie est l'une des plus grandes calamités qui puisse accabler un peuple. C'est ce que proclame, dès 1370, dans son *Traité des monnaies*, Nicolas Oresme, le sage conseiller du roi Charles V ; c'est ce que dit non moins nettement Copernic, au commencement du XVIe siècle : « Quelque innombrables que soient les fléaux qui d'ordinaire amènent la décadence des royaumes, des principautés et des républiques, les quatre suivants sont, à mon avis, les plus redoutables : la discorde, la peste, la stérilité de la terre et la détérioration de la monnaie. Pour les trois premiers, l'évidence fait que personne ne les ignore. Pour le quatrième, peu de gens s'en occupent. Pourquoi ? Parce que ce n'est pas d'un seul coup, mais petit à petit, par une action presque latente, qu'il ruine l'Etat. »

On conçoit ainsi le côté odieux et méprisable qui s'attache à la profession de faux monnayeur, et l'obligation qui s'impose aux gouvernements de frapper les individus qui s'y livrent des châtiments les plus rigoureux. Leur industrie coupable, si elle se développait, n'aboutirait à rien moins qu'à ruiner à la fois l'État et les particuliers et à jeter la défiance et le trouble le plus profond dans les relations commerciales (V. plus bas *Fausse monnaie*).

Toutefois, il arrive que le public ne se rend pas compte tout de suite que la fausse monnaie est fabriquée à son détriment : le titre des espèces ou leur poids semblent lui être indifférents ; il ne s'aperçoit pas que la monnaie n'est plus un équivalent parce qu'elle conserve toujours la seconde de ses fonctions, celle de véhicule ou de signe des échanges. La principale raison qui fait accepter, pendant quelque temps au moins, la monnaie altérée aussi bien que la bonne, est désignée par les économistes sous le nom de *loi de Gresham*, le ministre anglais qui la formula le premier, sous le règne d'Élisabeth. Elle s'énonce ainsi : *La bonne monnaie ne peut chasser la mauvaise ; c'est, au contraire, la mauvaise monnaie qui chasse la bonne*. Ce principe vrai, qui va droit à l'encontre de la théorie d'Herbert Spencer répudiée plus haut, est fondé sur l'observation et la pratique. En effet, la monnaie est bien une marchandise, mais, à la différence des autres, on ne l'achète pas pour la consommer, la garder, la détruire. Si j'achète des aliments, des vêtements, un animal, un champ, c'est pour en user directement, et suivant mes besoins les altérer, les améliorer ou les détruire. Mais la monnaie, je ne puis la consommer ou la perfectionner ; elle n'est que temporairement entre mes mains, et quand je la transmets à d'autres, elle n'est ni plus ni moins bonne que quand je l'ai reçue. Cet instrument, intermédiaire de tout commerce, a, concurremment avec sa valeur intrinsèque, une valeur fiduciaire qui peut se soutenir un certain temps, alors que la valeur intrinsèque a subi une dépréciation. De là vient que ce qui m'importe, en pareille occurrence, ce n'est pas tant d'avoir une bonne monnaie, que d'être certain qu'on la recevra, lorsque je la livrerai en paiement, avec autant de facilité que j'en ai mis moi-même à l'accepter. Nos pièces d'argent actuelles sont une mauvaise monnaie, puisque le lingot métallique qui représente la pièce de 5 fr. se vend à peine 2 fr. 50 dans le commerce. Mais je n'en ai cure tant que je pourrai faire passer pour 5 fr. la pièce qui a cette valeur nominale et que j'ai reçue pour cette somme.

Suivant cet ordre d'idées, le banquier, l'orfèvre. le monétaire qui fabrique la monnaie. a intérêt à en altérer le titre : son bénéfice est plus grand. Celui qui va acheter de la monnaie chez le fabricant trouve également son intérêt à avoir une monnaie de moins bon aloi. car elle lui coûte moins cher : le tout est, pour lui. de la faire accepter dans les paiements qu'il a à effectuer. « On a besoin de monnaie, non pour la garder dans sa poche, mais pour la faire passer dans la poche du voisin; et moins la monnaie que l'on fait accepter au voisin est bonne. plus grand est le profit qu'on fait soi-même. Ainsi il y a une tendance naturelle à l'avilissement de la monnaie métallique dans sa fabrication, tendance qui ne peut être combattue que par la surveillance constante du gouvernement. » (Stanley Jevons. *la Monnaie*, p. 68.)

Dans la période du monnayage privé. cette surveillance faisait défaut et nulle autorité ne venait contrôler le titre et le poids des pièces. Le client étant trompé, mais paraissant s'accommoder de la fraude commise à son détriment, c'est en vain qu'on aurait fait appel aux sentiments de dignité et de droiture du fabricant, et qu'on aurait mis en relief la honte qui rejaillit sur les faux monnayeurs démasqués. Enhardis par le succès et l'appât du gain, banquiers, orfèvres ou monétaires luttèrent à l'envi, altérant sans cesse davantage leurs monnaies, à chaque nouvelle émission. Nous constatons ce phénomène dans les espèces frappées par les Compagnies minières de la Californie aussi bien que dans les tiers-de-sou mérovingiens. Pour les mêmes raisons, les monnaies d'électrum primitives frappées en Asie Mineure présentent des variétés d'aloi qui varient depuis 60 % d'or pur contre 40 % d'argent jusqu'à 2 % d'or pur contre 98 % d'argent. En Chine et dans l'Indo-Chine, l'altération des lingots de métal précieux lancés par les banquiers dans la circulation commerciale fit que les gouvernements indigènes durent créer l'emploi de « sonneurs de piastres », c.-à-d. de vérificateurs chargés de s'assurer de l'aloi du métal. L'altération des bêches-monnaie et des couteaux-monnaie s'est faite, non seulement dans la composition du métal, mais dans le poids et dans la forme : tout d'abord le manche des *bêches* et des *couteaux* fut supprimé, et il ne resta que la lame directement soudée à l'anneau de suspension. Plus tard. on fit disparaître la lame elle-même, si bien que l'anneau de suspension fut seul conservé. Cet anneau plat continua à passer pour un couteau entier. A force de voir les couteaux représentés seulement par leur anneau, on finit par ne plus fondre que des anneaux sans lame ni manche. Telle est l'origine de la sapèque chinoise, plate, circulaire, avec un large trou carré au centre ; sa forme est ainsi le résultat d'un abus, d'une détérioration. Bientôt, on altéra aussi le métal dont elle était faite : après avoir été en cuivre et en fer, elle finit par être en zinc, si bien que sa valeur intrinsèque n'égalait plus même le tiers d'un centime de notre monnaie.

Quelles que soient les particularités que présentent, suivant les temps et les lieux, ces altérations graduelles de la monnaie, elles procèdent partout du même principe, et ce sont des motifs de même ordre qui ont rendu le public insensible à la fraude dont il finissait par être victime. Une monnaie sans valeur ne peut circuler au dehors, être échangée, à poids égal, contre un lingot ou une monnaie de bon aloi : elle ne saurait, en un mot, servir d'intermédiaire pour le commerce extérieur, parce que la elle ne bénéficie pas de sa qualité de *signe*, la seule qu'elle ait conservée, n'étant plus un *équivalent* réel. On comprend par là pourquoi, ici encore, le développement du commerce fut un des agents essentiels qui contribuèrent à discréditer dans l'opinion, à *décrier* la monnaie privée ainsi altérée. Entre eux, les Francs mérovingiens pouvaient se contenter d'échanger la monnaie fiduciaire dont nous avons parlé et lui reconnaître, par une sorte de convention tacite, une valeur bien supérieure à celle qu'elle avait réellement. Mais il ne leur était guère possible de faire accepter un semblable numéraire par les étrangers, par exemple les Lombards et les Wisigoths avec lesquels ils commerçaient.

De même, il nous est loisible, entre nous Français, en 1898, de continuer à accepter pour 5 fr. notre grosse pièce d'argent, bien que nous sachions que le lingot métallique qui sert à la fabriquer ne vaut pas 2 fr. 50 dans le commerce. Mais il n'est au pouvoir d'aucune loi de la faire accepter par l'étranger pour cette même valeur de 5 fr. Hors des frontières, la valeur nominale d'une monnaie ne compte plus : on ne l'accepte qu'au poids et pour sa valeur métallique. En 1876, on a dû suspendre la frappe de la pièce de *cinq* francs à cause de l'abaissement du prix commercial de l'argent, parce que, si la frappe de l'argent fût restée libre, tous les manieurs de métaux précieux eussent porté leur argent à l'Hôtel des monnaies : d'un lingot acheté par eux 2 fr. 50 ils eussent tiré une pièce de 5 fr. : le jeu en aurait valu la peine, et c'est d'ailleurs ce qui commençait à se produire lorsque la suspension de la frappe fut ordonnée. Si l'on n'avait mis un frein à ce monnayage légal, nous serions inondés de pièces d'argent : tous les spéculateurs en métaux, étrangers et nationaux, auraient voulu profiter de la plus-value imposée actuellement par la loi à l'argent monnayé. De plus, comme nos pièces d'argent ne circulent à l'étranger qu'au poids et non pour leur valeur nominale, les spéculateurs se seraient bien gardés de faire passer la frontière à aucune d'elles : ils les auraient échangées, suivant le droit strict de chacun, contre nos pièces d'or qui, elles, ont une valeur nominale égale à leur valeur réelle : ils nous auraient laissé quatre pièces de 5 fr. en argent, c.-à-d. en réalité 10 fr. seulement contre une pièce d'or valant réellement et partout 20 fr. ; ils auraient drainé bien vite et emporté notre bon or en échange de leur argent déprécié, et nous aurions vu, à notre grand détriment, l'application du théorème de Gresham : « La mauvaise monnaie fait émigrer la bonne à l'étranger. » Cette situation eût entraîné fatalement une crise économique.

Dans la période du monnayage privé, l'autorité n'intervenant pas pour entraver l'émission des monnaies à bas titre, c.-à-d. des monnaies dont la valeur nominale était bien supérieure à la valeur réelle, il fallut, pour remédier au mal, attendre que le public apprît, à ses dépens et par sa propre expérience, à se rendre compte du grave préjudice qui lui était causé. Lorsque les marchands constatèrent qu'ils avaient à subir une perte plus ou moins forte dans leurs relations avec les pays étrangers, leur intérêt se trouvant en jeu, ils firent des difficultés pour recevoir désormais les pièces de mauvais aloi ; ils les refusèrent de même que l'État refusait naturellement de les accepter pour le paiement des impôts. Le public désabusé comprit alors que la monnaie qu'on lui donnait en échange de ses marchandises n'en était plus l'équivalent, et qu'il se trouvait en réalité frustré du prix réel qu'il comptait recevoir ;

à son tour il cessa d'avoir confiance dans cette monnaie de
mauvais aloi. Les citoyens cherchèrent d'abord à se défendre comme ils purent contre cette duperie dont ils
étaient victimes à chacune de leurs transactions ; dans leurs
contrats, ils stipulèrent que les sommes qui leur étaient
dues seraient, comme le disent si souvent les textes mérovingiens, acquittées en monnaie d'or, pure, éprouvée et de
bon poids. Toutes ces précautions furent vaines : le désordre ne fit que s'accroître chaque jour davantage, les relations sociales d'individu à individu étaient devenues
aussi troublées, aussi difficiles que lorsqu'un État a lancé,
à profusion, dans la circulation, un papier-monnaie qui
cesse d'avoir la confiance du public. La société tout entière se trouva livrée sans merci aux mains des agioteurs.
Bref, le système du monnayage libre ou privé, par l'altération graduelle des espèces qu'il émettait, faisait maudire
la monnaie et rendait impraticable cet instrument des
échanges et étalon de toutes les valeurs. Il devint urgent
de mettre un terme à la fraude. Chaque citoyen ruiné, dé-
moralisé, appelait de tous ses vœux l'intervention de l'autorité publique.

Partout l'État se montra d'autant plus empressé à intervenir qu'il y avait profit pour lui. Il prit à sa charge d'estampiller tous les lingots : sa marque seule et exclusive
fut admise sur le marché. Défense fut faite à tout citoyen
de contremarquer ou d'estampiller lui-même les métaux
qu'il pouvait avoir en sa possession ; il fut contraint de les
porter à l'officine publique : là on vérifia et uniformisa
leur titre et on les tailla suivant une règle commune et
invariable, puis on les poinçonna, comme garantie, du
symbole ou du nom de l'État ou de son représentant. En
retour du service qu'il rendait ainsi au public, l'État pré-
leva sur les lingots apportés à son officine un droit de fabrication ou de monnayage qu'on appelait, dans les siècles
passés, le *seigneuriage* et le *brassage*. Tout le monde
avait donc intérêt au nouveau régime, le public et l'État ;
voilà pourquoi les choses se passèrent de la sorte dans tous
les pays et à toutes les époques de l'histoire.

Nous arrivons ainsi, par un développement graduel et
normal, à la conception de la monnaie telle que les civilisations perfectionnées l'ont admise. Dans le système de la
monnaie garantie par l'État, tout citoyen jouit de la fa-

culté de se procurer des lingots d'or et d'argent et de les
faire transformer en monnaie, sous la seule condition de
s'adresser, pour la main-d'œuvre, à l'établissement que la
loi désigne pour gérer le monopole de cette fabrication.
Montrons dans l'histoire quelques exemples de cette subs-
titution de la monnaie d'Etat à celle des particuliers. Aux
Etats-Unis, dans le cours des XVIIe et XVIIIe siècles, les
lois se succédèrent dans le but de faire fermer les ateliers
monétaires privés et de créer une monnaie d'Etat destinée
à « opposer une digue au débordement des pièces à bas
titre » (Alex. Vattemare). Le mauvais aloi des pièces frappées par les particuliers avait rendu les échanges commer-
ciaux presque impossibles. Après divers essais, la première monnaie fédérale des États-Unis fut émise légalement
en 1792. L'article 10 de la Constitution interdit d'une manière absolue le monnayage privé, ce qui n'empêcha pas,
pour longtemps encore, nous l'avons vu, des particuliers
d'émettre des monnaies dans certaines circonstances, surtout lorsqu'ils se sentaient loin de l'action du gouvernement
central.

Chez les Francs, ce fut Pépin le Bref, par un acte du
concile de Vernon-sur-Seine en 755, puis surtout Charlemagne, qui mirent un frein au désordre du monnayage
privé. Les capitulaires disent : « Qu'il ne soit frappé de
monnaie qu'à notre cour, et que les deniers du palais (*de-
narii palatini*) aient cours partout. » La démonétisation
de l'or et le changement du poids des monnaies d'argent
furent les mesures prises par Pépin et Charlemagne pour
restaurer le droit régalien de monnayage tombé en désuétude en Gaule depuis la chute de l'empire romain.

Dans la Grèce des VIIe et VIe siècles avant notre ère,
l'autorité publique, devenue assez forte pour imposer ses
lois, ne procéda pas d'une autre façon. En Asie Mineure,
pour mettre fin aux abus du monnayage de l'électrum,
Crésus (561 à 546) démonétisa ce métal et le remplaça par
la monnaie d'or pur et d'argent pur. C'est ce que veut
dire Hérodote dans ce passage fameux : « Les Lydiens,
dit-il, sont les premiers des hommes qui, à notre connaissance, ont fait frapper pour leur usage de la monnaie
d'or et d'argent. » Cette assertion se trouve absolument
concorder avec les monuments, car les monnaies de Crésus sont bien, si l'on en excepte d'informes essais de mon-

nayage privé, les plus anciennes monnaies d'*or pur* et
d'*argent pur* qui existent. Nous en reproduisons un spécimen. On voit,
au droit, le buste
d'un lion, la
gueule béante,
une patte en
avant, et en re-
gard, le buste
d'un taureau,

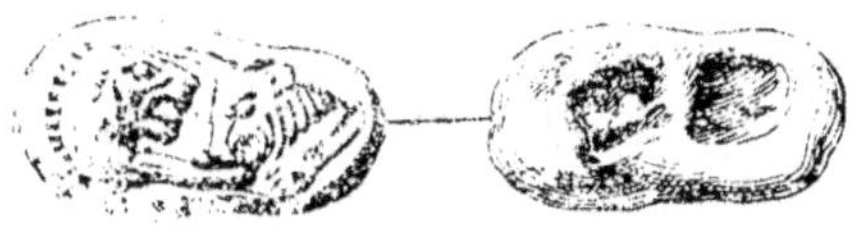

Fig. 6. — La Créséide. Or ou argent.

les cornes et les pattes avancées. Au revers, ce sont deux
carrés creux juxtaposés côte à côte (fig. 6).

Ce que fit Crésus en Lydie, Phidon, roi d'Argos, l'exé-
cuta dans le Péloponnèse : aux vieux lingots de fer, il
substitua de beaux statères d'argent, de titre et de poids
réguliers, à type immobilisé, qu'il fit frapper à Égine,
alors le marché le plus important de la Grèce d'Europe,
sur la mer Égée. Il en fut de même enfin dans l'Italie centrale, où l'intervention de l'autorité publique, se substituant à l'action individuelle dans l'émission des grands
lingots de bronze, se révèle surtout par la régularité de
la taille et l'immobilisation des types.

Tout ce qui précède démontre jusqu'à l'évidence que
l'invention de la monnaie n'a été, dans aucun pays, l'œuvre
d'un jour ni le résultat de la conception d'un homme de
génie. La monnaie est un rouage social qui s'est développé, généralisé et perfectionné de lui-même, de génération en génération, sous toutes les latitudes et dans les
civilisations d'origines les plus diverses, par le seul fait
de l'extension des relations commerciales. A proprement
parler, il n'y a donc pas eu d'invention monétaire. En
Grèce, les pastilles et les lingots, φθοΐδες, ὀβολοί, ὀβελίσκοι,
le πέλανορ lacédémonien, nous ont conduits insensiblement
et sans secousse aux monnaies estampillées par des marchands, puis exclusivement par l'autorité publique. De
même dans l'Italie centrale, les lingots de cuivre de la
série primitive ou *aes rude*, ceux, déjà estampillés de types
divers, de la série de l'*aes signatum*, et ceux, enfin, de
l'*as libral*, dérivent les uns des autres, à tel point qu'il
n'est pas possible de fixer, d'une manière rigoureuse, les
frontières de ces systèmes théoriquement successifs. Tous
ces monuments numismatiques se tiennent comme des

anneaux soudés les uns aux autres, sans qu'il y ait lieu de faire place à une innovation inattendue, assez brusque pour qu'elle puisse être qualifiée « invention de la monnaie ».

Les écrivains de l'antiquité ne se sont pas rendu un compte exact des transformations progressives des lingots monétaires et des métamorphoses graduelles que chaque génération leur avait fait subir. Ne concevant la monnaie que dans son développement le plus achevé et dans son évolution finale, manipulant à chaque heure de l'existence ce précieux et indispensable véhicule de toute transaction, ils se sont figuré qu'il avait dû exister, à un moment déterminé, un créateur de la monnaie ; ils ont sérieusement discuté les droits de priorité à cette invention que prétendaient faire valoir tel ou tel prince, telle ou telle ville. Pour nous, la question se réduit à celle-ci : Quel est le prince ou le chef d'Etat qui, chez les divers peuples de l'antiquité, fut, le premier, assez puissant pour interdire l'estampille privée et substituer son contrôle exclusif à la liberté du monnayage? A partir de quelle époque la monnaie, centralisée dans sa fabrication, dut-elle porter, sans partage, les emblèmes de l'autorité publique?

A Rome, cette réforme est attribuée à Servius Tullius au milieu du vi^e siècle avant notre ère. Pline rapporte, d'après Timée, que ce prince eut, le premier, l'idée d'imprimer une marque sur les lingots de bronze servant de monnaie, et que cette image fut tantôt un bœuf, tantôt une brebis. Cette tradition qui vise les lingots de l'*aes signatum* n'est pas invraisemblable. Des auteurs anciens attribuent à ce prince le rôle d'organisateur du système des poids et mesures chez les Romains, ce qui implique, en quelque sorte, forcément la régularisation pondérale des lingots monétaires et de leur émission.

Le cuivre n'ayant, intrinsèquement, qu'une valeur minime, il fallait, pour que la monnaie de ce métal conservât le caractère nécessaire d'*équivalent*, donner aux lingots un poids énorme. Il est des lingots qui atteignent jusqu'à 1.650 gr. et correspondent à cinq as (*quincussis*). Aussi, raconte Tite-Live, pour effectuer un paiement important avec ces lourds pavés, on en était réduit à les transporter sur des chariots. Pour des paiements inférieurs, on fragmentait, à coups de cisaille et de marteau, ces kilogrammes de bronze : il nous est parvenu des moitiés, des quarts, des huitièmes de *quincussis* ou de *quadrussis* obtenus par ce procédé barbare. Telle fut la monnaie de Servius Tullius, ou du moins celle qui peut remonter vers le temps où vivait ce prince. Les Décemvirs, vers 450 av. J.-C., réformèrent la monnaie de cuivre et inaugurèrent le système de l'*aes grave* libral, c.-à-d. le système dans lequel l'unité monétaire (*as, assis, assarius*) pèse une livre (*as libralis*), environ 327 gr.

Les Grecs éprouvaient plus de difficultés que les Romains à mettre d'accord leurs traditions nationales : « Ce serait, dit Pollux, un beau sujet d'étude que de rechercher si la monnaie a été inventée par Phidon d'Argos; ou par Démodice, fille du roi de Cymé, Agamemnon, et femme du roi de Phrygie, Midas; ou par les Athéniens, Erichthonios et Lycos; ou par les Lydiens, comme le raconte Xénophane; ou par les Naxiens, ainsi que le pense Aglosthènes. » L'étude des monnaies elles-mêmes ne nous tire pas d'embarras : les premières émissions d'Egine et de l'Eubée; celles des îles de Naxos, de Céos, de Paros, de Siphnos, de Samos; celles qu'on classe, avec plus ou moins de certitude, à Cyzique, à Lesbos, à Phocée, à Milet, à Ephèse; d'autres, dont la patrie est encore plus douteuse, paraissent, par leur style, à peu près contemporaines les unes des autres.

Avec la tradition lydienne, celle qui était la plus répandue se rapporte à Phidon, roi d'Argos, qui vivait vraisemblablement dans le cours du viie siècle et qui passe, comme Servius Tullius à Rome, pour avoir inventé la monnaie et introduit en même temps les poids et mesures dans le Péloponnèse. Aristote nous informe que, de son temps, on voyait encore dans le temple de Héra, à Argos, des lingots ou des broches de fer (ὀβελίσκοι) que le roi Phidon, tout en les démonétisant, avait jadis consacrées comme de pieuses et vénérables reliques d'une époque disparue. Comme Servius Tullius, Phidon ne fut pas l'inventeur, mais le réformateur de la monnaie. Il introduisit dans le Péloponnèse un système fixe des poids et mesures, à la place des systèmes multiples qui jetaient la confusion et le désordre dans les relations commerciales; il adapta le poids des nouvelles monnaies au système pondéral nouveau. La tortue, type qu'il choisit, demeura invariablement fixée de même que le titre du métal (fig. 7). La plus petite division du système reçut le nom d'*obole*, ὀβελός, ὀβολός, sans doute parce que sa valeur était égale

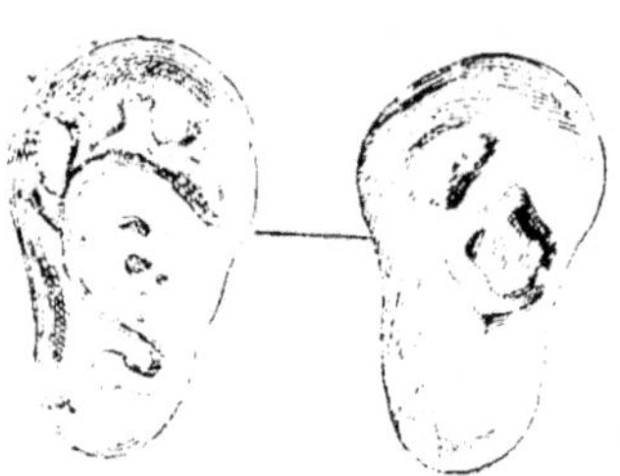

Fig. 7. — Monnaie primitive d'Égine, en argent, ayant encore la forme du lingot globuleux. D'un côté, la tortue; au revers, carré creux.

à celle d'un ancien ὀβελός ou ὀβελίσκος de fer. Six ὀβολοί formèrent la drachme, δραχμή (6ᵍʳ,30), mot dont le sens étymologique est « poignée »: la drachme représente donc la valeur d'un petit faisceau ou poignée de six barres de fer. On saisit par là de quelle manière étroite et rigoureuse le système de la monnaie primitive d'Égine se rattache à l'ancien état de choses dans lequel les broches de fer étaient l'étalon des valeurs.

VI. QUALITÉS DES MÉTAUX MONÉTAIRES. — Dans toutes les civilisations anciennes et modernes, l'or et l'argent furent, parmi les métaux, ceux que l'on monnaya de préférence, lorsque l'invention monétaire eut atteint son dernier degré de perfectionnement. Cela tient à ce que l'or et l'argent sont les substances que la nature a douées, au plus haut degré, des qualités dont serait investi l'étalon idéal et parfait, s'il était réalisable. En effet, pour être un étalon parfait, l'équivalent devrait réunir au suprême degré les conditions suivantes, déjà indiquées par Nicolas Oresme et d'autres anciens économistes et que Michel Chevalier a nettement précisées :

1º Être inaltérable, pour que celui qui le reçoit en paiement d'une marchandise qu'il a livrée ne soit pas exposé à le voir diminuer de valeur entre ses mains et cesser d'être un équivalent complet, ce qui serait une perte sèche ;

2º Être facile à transporter, à emmagasiner, à conserver, sans exiger des soins incessants et onéreux ;

3º Être divisible, de façon à servir dans les transactions commerciales les plus minimes.

4° Etre homogène, c.-à-d. avoir toutes ses parties semblables les unes aux autres, pour qu'elles s'équivalent entre elles ;

5° Etre assez commun et répandu pour que chacun puisse s'en procurer ; être en même temps assez rare pour que personne n'en puisse avoir à satiété :

6° Avoir une valeur fixe et immuable, car, s'il est exposé fréquemment et brusquement à la baisse que peut entraîner, par exemple, une surproduction, ou à la hausse qui est la conséquence d'une raréfaction, les prix de toutes choses seront incessamment bouleversés.

Aucune substance, dans la nature, ne possède cet ensemble de qualités d'une manière complète et ne fournit, par conséquent, une mesure et un équivalent parfaits. Mais, si cet idéal ne saurait être atteint, l'humanité a une propension naturelle et un intérêt manifeste à chercher ce qui s'en rapproche le plus. Or, de toutes les denrées ou marchandises qui existent, il n'en est pas qui satisfasse cet intérêt et cette tendance aussi complètement que les métaux en général, et parmi les métaux, l'or et l'argent. Le blé, les troupeaux, les pelleteries, les ustensiles métalliques ne sauraient être de bons étalons, parce que leur valeur ou leur prix est variable, aléatoire, incertain pour des raisons multiples. Certains économistes, à la recherche d'une mesure idéale des valeurs, aussi stable et précise que le mètre, le gramme, le litre, pour les longueurs, les poids, les capacités, ont cru trouver dans la journée de travail de l'ouvrier cet étalon universel. « Le travail, dit Adam Smith, est la seule mesure universelle, la seule exacte, le seul étalon par lequel nous puissions comparer les valeurs des différentes marchandises à toutes les époques et dans tous les lieux. » Et Germain Garnier, le traducteur d'Adam Smith, ajoute : « Le travail humain considéré en lui-même est invariable... Ce que donne l'ouvrier qui travaille, le sacrifice qu'il fait d'une portion de son temps, de ses forces, de sa liberté, est le même dans toutes les circonstances. C'est là une qualité certaine et constante, déterminée par des lois naturelles, comme le cours des astres et la marche des saisons... Dans ce sens, le travail est la mesure de la valeur. Si nous savons quelle quantité de travail une chose a pu payer ou commander à une époque donnée et à une autre époque, nous savons quelle est la valeur relative de cet objet aux deux époques différentes. »

Cette théorie, inspirée peut-être par une sympathie généreuse pour l'homme qui travaille de ses mains, a reçu un essai d'application en Angleterre, vers 1830. Le réformateur Robert Owen entreprit de monnayer le travail humain. « En retour d'une paire de bottes, raconte Louis Raybaud, on donnait un certain nombre d'*heures de travail* de boulanger ou de tisserand. Un papier-monnaie très curieux, énonçant cette valeur, fut fabriqué à cette occasion et pour cet usage. » L'avortement presque immédiat de ce puéril essai de monnaie représentative dispense d'insister sur les inconvénients de ce système dont Michel Chevalier n'a pas eu de peine, au nom du bon sens, à faire prompte justice. Non, dirons-nous avec lui, le travail musculaire de l'homme n'est point invariable ; il ne se ressemble pas plus que les hommes ne se ressemblent ; il varie suivant la force physique ou l'intelligence, suivant les régions et les saisons, et ce n'est pas par des statistiques et en prenant des moyennes qu'on pourrait lever les difficultés qui naitraient de l'application quotidienne de la journée de travail à l'évaluation de toutes les marchandises. Plus logique que tous les systèmes *a priori*, le bon sens populaire a, dans toutes les sociétés, choisi les métaux comme se rapprochant le plus des conditions idéales. Mais les métaux, à leur tour, ne possèdent qu'à des degrés divers les qualités essentielles de l'étalon parfait. Le platine, par exemple, est trop rare et d'une valeur trop variable pour qu'on puisse en faire un métal monétaire, bien qu'on s'en serve, à cause de sa non-dilatabilité, pour fabriquer les étalons des mesures légales. Le fer, l'étain, le plomb, le cuivre sont, au contraire, trop répandus ; ils sont, les uns trop durs, les autres trop mous, exposés à l'oxydation et à la destruction. Leur abondance fait qu'ils ont peu de valeur, de sorte que les paiements exigeraient le plus souvent qu'ils soient accumulés en quantités énormes. Leur production varie brusquement et l'application qu'on en fait dans la métallurgie expose leur prix à des fluctuations incessantes, suivant l'offre et la demande. Le choix des métaux vils comme étalon de la valeur des choses procurerait donc « une mesure élastique qui s'allonge et se raccourcit, suivant les circonstances, qui ne sera pas la même aujourd'hui qu'hier et qui peut subir en même temps

sur les marchés voisins des variations en sens inverse »
(Th. Mommsen). En un mot, en employant ces métaux
dans ses transactions, un marchand ne recevrait pas un
équivalent durable de ses marchandises.

Seuls, les métaux précieux, c.-à-d. l'or et l'argent,
satisfont presque complétement aux conditions que la nature des choses réclame de l'étalon des valeurs.

Si tout le monde peut s'en procurer assez facilement par
la vente d'un objet de quelque valeur, ils sont assez rares
pour que chacun en soit avare et que les plus opulents
n'en aient jamais assez. Ils sont l'objet et le but d'une passion inassouvissable de l'âme humaine, l'avarice, *auri
sacra fames*. Chacun de nous ressent cette passion comme
toutes les autres et veille sur ses trésors avec un soin jaloux.

Les métaux précieux sont inaltérables et indestructibles;
l'oxydation n'agit pas sur l'or et n'entame l'argent qu'à
la surface. Ils sont d'un transport facile parce qu'il en faut
relativement une petite quantité pour représenter une
grande valeur : 100 gr. d'or environ représentent le prix
d'un bœuf de 400 kilogr. Ils sont homogènes : toutes les
parties d'un lingot se valent, à égalité de poids : l'or de
l'Australie et de la Transylvanie a la même valeur que
celui de la Californie et du Transvaal.

Ils sont divisibles presque à l'infini, et chaque parcelle,
quels qu'en soient la ténuité et le poids, conserve sa valeur
proportionnelle.

Ils offrent à la fois assez de malléabilité et de dureté
pour recevoir et conserver toujours l'empreinte d'un type
monétaire, pour ne pouvoir être usés que par un frotte-
ment incessant et prolongé.

De tous les métaux ils sont ceux qu'il est le plus facile
de reconnaître du premier coup, à la vue, au son, au poids
ou à l'expérience chimique ; avec d'autres matières, on
pourrait plus aisément abuser de la confiance du public.

Il n'est aucun autre métal ni aucune autre marchandise
dont la valeur soit aussi stable que la leur sur le marché.
Le blé est d'une cherté excessive ou d'un bon marché
suivant la production annuelle. Sans doute, l'or et l'argent
sont soumis, comme toute autre denrée, à cette loi de la
production. La remarque en a déjà été faite par Xénophon :
« Lorsque l'or abonde sur le marché, son prix baisse, tandis
que celui de l'argent monte ; » mais cette variation agit len-

tement et dans des proportions moindres que pour toute autre
denrée. Cette stabilité relative du prix des métaux précieux
est due surtout à ce privilège que leur confère la nature
de ne pouvoir être répandus à profusion et de n'être pas
d'une absolue nécessité, d'arriver sur le marché en quantité modérée et suffisante. A peu près impropres à la grande
industrie comme aux usages domestiques, leur utilité se
restreignant au luxe individuel, ils sont, moins que les
autres métaux, exposés aux à-coups de l'offre et de la demande. La forme de paiements individuels qu'ils revêtent,
pour entrer dans la circulation commerciale, fait que la
part dont dispose chaque individu ne subit que de loin et
d'une manière peu sensible, au moins immédiatement, le
contre-coup de la production courante des mines. Le flot
monte ou diminue, mais si lentement, que chacun de nous
ne s'aperçoit qu'il a changé de niveau qu'en faisant un retour comparatif sur une période de temps assez longue.

VII. Le rapport de valeur des métaux monétaires. —
A partir du jour ou une société commença à employer les
métaux concurremment, comme équivalent et commune
mesure des choses, il fallut se demander quelle était la valeur respective de ces métaux, les uns par rapport aux
autres. J'achète un cheval, une maison, un champ, pour
un poids d'or déterminé ; mais l'or vient à me faire défaut ;
à sa place, mon créancier consent à accepter de l'argent,
du fer ou du cuivre. Quel poids de l'un ou de l'autre de
ces métaux dois-je considérer comme l'équivalent en valeur du poids d'or dont je suis débiteur ? Et, quand l'expérience eut réduit à deux les véritables métaux monétaires,
l'or et l'argent, il fallut se demander quel était le rapport
de ces deux métaux entre eux pour solder la même somme,
indifféremment avec l'un ou avec l'autre.

Combien faut-il de grammes d'argent pour contre-balan-
cer la valeur d'un gramme d'or ? Le problème comporte
une solution dont l'essence même est d'être mobile et chan-
geante, en dépit des multiples efforts tentés par les lois
pour en assurer la stabilité, et malgré même les qualités
qui donnent aux métaux précieux une fixité de valeur plus
grande que celle d'aucun autre produit naturel ou manu-
facturé. Sans doute, l'or et l'argent ne sont pas sujets à
subir brusquement une dépréciation inquiétante ou une

plus-value considérable. Néanmoins leur prix n'est pas d'une immobilité absolue ; en temps normal, il gravite autour d'un point central généralement pris pour base de l'étalon monétaire. En comparant des années éloignées, vous remarquerez que l'amplitude des oscillations est assez sensible et que, tour à tour, un métal renchérit quand l'autre s'avilit, si bien que l'équivalence admise une première fois entre les deux métaux n'est plus exacte et demande à être rectifiée. Les causes de ces variations sont multiples : il suffira d'en signaler une : l'inégalité de la production des deux métaux monétaires. Ils n'augmentent pas parallèlement et simultanément d'une somme équivalente chaque année. Une production ou un ralentissement dans les mines d'or n'est pas contre-balancée toujours par un mouvement similaire dans les mines d'argent. Dès lors, le rapport de valeur des deux métaux sur le marché tend à subir le contre-coup de cette inégalité. Il est bien difficile de dire de quelles manières les civilisations de l'antiquité ont résolu le problème de l'équation des deux métaux, et surtout de déterminer avec précision, vu la pauvreté de nos éléments d'information, les variations multiples subies par ce rapport de valeur à travers les siècles.

Pour les grands empires de l'Egypte et de la Mésopotamie, le rapport de l'or à l'argent parait avoir oscillé entre 1 à 12 et 1 à 13 1 3. Lorsque Crésus fit sa réforme et créa ses monnaies d'or pur et d'argent pur, il procéda comme nous le fimes en l'an XI (1803) pour l'établissement du bimétallisme français. Il prit pour base de sa réforme le rapport de valeur des métaux sur le marché, c.-à-d. considérés à l'état de lingots, à seule fin de donner à sa monnaie un rapport légal conforme au rapport marchand et réel, et de faciliter l'adoption des nouvelles espèces dans les transactions quotidiennes. Selon toute vraisemblance, ce rapport était alors en Lydie comme 1 est à 13 1 3. En effet, les premières *créséides* comprennent un statère d'or de 8^{gr},17 et un statère d'argent de 10^{gr},89, avec des divisions parallèlement échelonnées dans les deux métaux. En admettant le rapport 13 1 3 à 1, le statère, l'hémi-statère, l'obole d'or valent respectivement 10 statères, hémi-statères, oboles d'argent. Cette admirable coordination, répondant avec tant de simplicité à tous les besoins, ces nombres ronds, si faciles à graver dans la mémoire et à introduire dans les calculs courants de toute opération commerciale, autorisent à considérer comme certaine la *ratio* 13 1/3 qui les produit.

Plus tard, Darius (521–485 av. J.-C.) créa la darique d'or et la darique d'argent, cette dernière appelée plus communément *sicle médique*. La darique d'or pèse 8^{gr},41 (fig. 8) ; le sicle médique ou drachme perse pèse 5^{gr},60. La darique valait 20 sicles, de la même façon que la créséide d'or de 8^{gr},17 valait 20 hémi-statères d'argent, de 5^{gr},44. Les poids sont changés, mais le rapport reste le même,

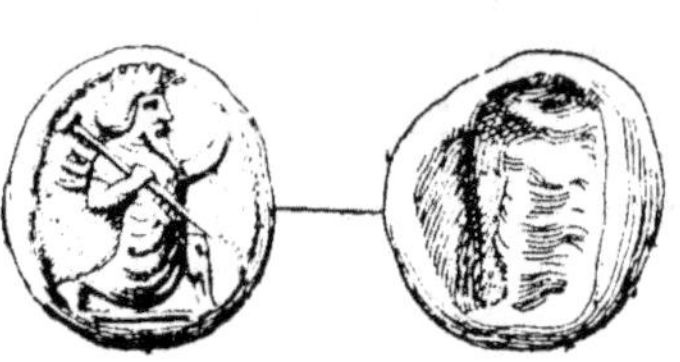

Fig. 8. — Darique. Le roi de Perse tient un arc et une javeline. Au revers, dépression creuse, sans type. Or pur.

c.-à-d. comme 1 à 13 1/3, pendant toute la durée de l'empire des Perses Achéménides.

Dans la Grèce d'Europe, avant la réforme de Phidon, l'or était plus rare qu'en Asie ; il devait y être plus cher. Il paraît certain, en effet, qu'au moment de la création de la monnaie d'Égine au type de la tortue, le rapport de l'or à l'argent était comme 1 est à 15. Le poids du statère d'argent phidonien étant de 12^{gr},60, on voit que le statère d'or asiatique ou darique, de 8^{gr},41, équivalait à 10 statères d'argent. La diffusion de l'or asiatique dans la Grèce propre, la découverte de nouvelles mines, l'extension des relations commerciales, la fondation par les Milésiens de Panticapée qui, dès la fin du vi^e siècle, devint la capitale grecque du bassin septentrional du Pont-Euxin, et l'entrepôt du commerce de l'or de l'Oural : telles sont les raisons principales qui firent baisser le prix de l'or sur les marchés de l'Eubée, d'Égine, d'Athènes ou de Corinthe. Xénophon en fait la remarque avant la fin du ve siècle. Aussi la *ratio* 1 à 15 fléchit graduellement pour descendre à la proportion de 1 à 14, que nous trouvons en pleine possession du marché d'Athènes au temps de Phidias et de Périclès.

La guerre du Péloponnèse (431 à 404) paraît avoir provoqué en Grèce une crise économique à la faveur de laquelle la valeur de l'or baissa rapidement, à tel point

que la *ratio* orientale de 1 à 13 1/3 se trouva atteinte et
même dépassée à Athènes. Cela tint à ce que, au cours de
cette longue guerre, les Perses s'immiscèrent de plus en
plus dans les affaires intérieures de la Grèce. Le grand roi
achetait à prix d'or et sans compter l'alliance de Sparte ou
de telle autre ville ; il prodiguait ses dariques aux généraux grecs ; les mercenaires grecs qui formaient la majeure
partie de ses armées rentraient chez eux chargés de l'or
achéménide. Devenu de plus en plus commun, le métal
jaune se trouva, par là même, déprécié, au bénéfice de son
concurrent. Après le siège d'Athènes, en 407, la disette
de l'argent amenée par la fermeture momentanée des mines
du Laurium fit tomber le rapport des deux métaux à la
ratio 1 à 12. Les mines d'or de la Thrace et de la Macédoine exploitées à outrance par Philippe, le père d'Alexandre,
firent encore baisser l'or. Les monnaies d'Alexandre sont taillées suivant le rapport 1 à 10. Le statère d'or pèse $8^{gr},60$;
la drachme d'argent en est la moitié, c.-à-d. $4^{gr},30$; le
tétradrachme est de $17^{gr},20$; c'est le système attique tel
qu'il existait à Athènes même, au moment où parut le
conquérant macédonien. Il fallait 20 drachmes ou 5 tétradrachmes pour équivaloir à 1 statère d'or, de la même
façon que dans l'empire perse il fallait 20 sicles médiques
pour correspondre à la darique d'or. Le rapport 1 à 10
persista après Alexandre en Grèce et en Asie Mineure ; il
se trouvait encore en vigueur dans ces contrées au moment
de l'arrivée des Romains.

A Rome, avant le commencement des guerres puniques,
l'or était si rare qu'il était évalué, par rapport à l'argent,
comme 1 à 17. Un passage de Pline, qui se rapporte à
l'an 217, atteste qu'un scrupule d'or ($1^{gr},14$) valait 20 sesterces d'argent ($19^{gr},45$), équation qui, encore à cette
époque, conduit au rapport 1 à 17 environ. Vers l'an 150
avant notre ère, la découverte des mines d'or du Norique
jeta sur le marché une telle masse de ce métal, que son
prix baissa soudain d'un tiers. A partir de cette époque,
nous voyons s'établir à Rome le rapport 1 à 11,91 entre
l'or et l'argent. Au temps de la dictature de Sylla, époque
où furent frappées les premières monnaies d'or dans l'atelier du Capitole, le rapport 1 à 11 était encore la règle
officielle sur le marché de Rome ; mais sous Jules César,
la quantité d'or rapportée de la Gaule, après la conquête

de cette province, fut telle que la proportion des deux métaux tomba à 8,33. Mais cette dépression fut momentanée.
Sous Néron et sous Trajan, le rapport monétaire était de
9,27 ; sous Caracalla, il fut fixé comme 1 à 10,4 ; sous
Aurélien, comme 1 à 11,5 ; sous Dioclétien, comme 1 à
12,50 (E. Lepaulle, *Revue numismatique*, 1888, p. 399).

Sous Constantin et ses successeurs immédiats, l'or devint plus commun ; son rapport avec l'argent paraît avoir
flotté entre 10 à 8 1 3. Les commotions politiques du dernier siècle de l'empire jetèrent de nouveau une grande
perturbation dans la valeur proportionnelle des deux métaux. D'après le texte de certains édits impériaux, sous
Julien l'Apostat et Théodose le Jeune, elle aurait alors été
fixée tantôt comme 1 à 15, tantôt même comme 1 à 18 ;
mais il faut prendre garde que ces édits comparent des
monnaies d'or pur avec des monnaies de bas argent, de
sorte que l'équation indiquée ne saurait servir d'indication
pour connaître la valeur respective et réelle des deux métaux à égalité d'aloi (L. Blancard, dans la *Revue numismatique*, 1888, p. 428). Le code Justinien fixe la *ratio*
1 : 14,40 qui paraît avoir été la règle ordinaire de l'empire
byzantin.

Chez les Francs mérovingiens, le sou d'or (*solidus aureus*) valait douze deniers du même poids ; c'est donc la
relation 1 : 12. Sous les Carolingiens, au moins d'après un
passage de l'édit de Pitres en 864, le rapport de l'or à
l'argent paraît avoir été comme 1 : 10. Des recherches ré-
centes de MM. de Marchéville, M. de Vienne, L. Blancard,
Desimoni, Pappadopoli, il ressort qu'au milieu du xiiie siècle,
c.-à-d. au temps de saint Louis, la proportion commerciale et légale entre l'or et l'argent variait entre 1 : 9 et
1 : 10,75, suivant les différents pays. Mais, dès avant 1270,
cette proportion commence à s'élever rapidement en faveur
de l'or. A Venise, dès 1284, on trouve la proportion légale 10,84 ; en 1324, elle atteint 13,99, tandis qu'à Florence elle est de 11,10 en 1296 ; de 10,88 en 1305 ; de
13,62 en 1324 (V. le tableau de W.-A. Shaw, *Hist. de
la monnaie*, p. 29). En France, en 1315, sous Louis le
Hutin, le rapport des deux métaux paraît avoir été comme
1 : 12 1 2. « A Florence, par le règlement de 1324, le
rapport était de 13,62, tandis qu'en France il était environ de 12,6, et vingt ans plus tard (1344) à peine plus

de 11, en France et en Angleterre. L'effet sur Florence fut immédiat et l'argent disparut de la circulation. En 1345, dit l'historien Villani, il y en avait grande rareté. On ne trouvait pas de monnaie d'argent, sauf les *quattrini*. L'argent de l'alliage de 11 onces 1 2 de fin valait hors de Florence plus de 12 lire le florin : il en résulta un grand mécontentement parmi les marchands de laine qui craignaient que le florin d'or dans lequel ils étaient payés à l'étranger ne tombât trop. Comme ils étaient un facteur puissant dans le petit État, ils s'agitèrent et la refrappe de 1345 en fut la conséquence. » (W.-A. Shaw, *Hist. de la monnaie*, p. 14.) On voit, par cet exemple, l'application de l'inéluctable théorème de Gresham, au bénéfice des changeurs et des manieurs d'or, qui étaient, au moyen âge, surtout les Juifs et les Lombards, mieux au courant que les gouvernements des rapports internationaux de la valeur des métaux précieux, et surtout mieux organisés pour en profiter.

Philippe le Bel ayant voulu réaliser de plus grands bénéfices sur le monnayage de l'or éleva imprudemment le rapport légal des deux métaux au-delà des proportions admises dans le commerce international. Suivant le principe de Gresham, sa monnaie d'argent, c.-à-d. sa monnaie véritablement utile, émigra à l'étranger ; de là des réductions du titre et des mesures despotiques pour la retenir, les plaintes qu'elles provoquèrent et enfin les abus de pouvoir qui firent donner à Philippe le Bel l'épithète de *faux monnayeur*, d'ailleurs imméritée dans le sens que l'on attache vulgairement à cette expression. « En France, le rapport de l'or à l'argent fut changé dans un seul siècle, plus de cent cinquante fois, et avec une brutalité que l'esprit moderne comprend à peine. Pour prendre une période de dix ans par exemple le rapport était :

1303	10,26	1310	15,64
1305	15,90	1311	19,55
1308	14,46	1313	14,37

« Celui qui se livre à l'étude de la monnaie rencontre les plus grandes difficultés en France par suite de ces modifications violentes et arbitraires. L'extrême diversité des pièces, le changement perpétuel de la composition ou alliage, rendent presque impossible d'estimer les fluctuations

de la valeur des monnaies relativement aux marchandises,
ou de l'or par rapport à l'argent. En dehors de la lutte internationale pour les métaux précieux, la France fut déchi-
rée et ruinée par les invasions anglaises ; altération après
altération de la monnaie fut employée comme expédient
pour se créer des ressources afin de continuer la lutte.
Cela distingue le règne de Philippe le Bel (1285-1314) et
de chacun de ses successeurs... » (W.-A. Shaw, *Hist. de
la monnaie*, p. 24.)

L'Allemagne plus encore que la France nous présente,
dans l'inextricable enchevêtrement de son histoire monétaire au moyen âge, des exemples incessants d'altérations,
de refontes, de modifications des espèces, dans chacune
des innombrables seigneuries qui frappent monnaie. Dans
le but de porter quelque remède à la confusion générale,
nous voyons les quatre princes électeurs du Rhin contrac-
ter une alliance monétaire, le 8 juin 1386, pour la frappe
des florins d'or. Ils décident de frapper 66 florins au marc
de Cologne, l'alliage devant être de 22 carats 6 grains.
Mais sept ans plus tard, ils sont obligés, par un nouveau
traité, de réduire l'alliage de leur florin à 22 carats seulement. En 1419, Frédéric, électeur de Brandebourg, frappe
des florins à 64 1/4 dans le marc de Cologne, et à 19 carats de fin ; en 1422, l'empereur Sigismond fait fabriquer 66 1/2 florins au titre de 22 carats 6 grains dans le
même marc ; le même empereur, quelques années plus
tard, fait tailler dans le marc de Cologne 68 florins dont le
titre est réduit à 19 carats. En 1442, Frédéric IV propose
de tailler 72 florins à 19 carats de fin dans le même poids
de métal ; enfin, à la diète de Worms en 1495-97, on dé-
cide que le marc de Cologne donnera 69 1/3 florins dont
le degré de fin est abaissé à 18 carats 10 grains (W.-A. Shaw,
Hist. de la monnaie, p. 20.)

On voit par cet exemple appliqué à une seule espèce de
monnaie, le florin, dans le même pays, que de changements on lui a fait subir dans l'espace d'un siècle ; et, si ces
différences de valeur étaient, pour les contemporains, une
source inépuisable de mécomptes et de difficultés, à plus
forte raison en est-il de même pour nous, lorsque nous
voulons chercher à nous rendre compte de la valeur relative des monnaies anciennes.

L'histoire de chacun des États de l'Europe, sous le régime bimétallique qui règne depuis le milieu du xiii° siècle, n'est que le tableau de modifications incessantes dans le poids et l'aloi de la monnaie d'or et d'argent, de pétitions de marchands pour amener ces changements ou protester contre eux, d'ordonnances royales se succédant sans nombre pour modifier la monnaie au gré des intérêts locaux du moment, pour la rappeler de l'étranger ou l'empêcher d'émigrer, pour s'enrichir aux dépens des pays voisins ou pour éviter la banqueroute. On ne s'expliquait pas alors les causes du flux et du reflux perpétuel de la monnaie. « En dépit des efforts frénétiques de la part d'un souverain après l'autre, il se produisit des accidents, et ils expliquent suffisamment l'angoisse des gouvernements et la haine universelle contre les juifs au moyen âge. Les mesures qui furent adoptées par les différents États pour contrecarrer cette maladie invisible et ruineuse sont empreintes du caractère brutal et peu scientifique du temps. L'exportation de l'or et de l'argent fut défendue sous peine de mort, et ce n'était pas une menace sur le papier, car des négociants éminents de Londres furent écartelés pour ce crime. Le taux des changes pour les pièces étrangères était fixé par ordonnance royale, et l'office du changeur limité à une place spéciale. Lorsque tout cela se fut trouvé inefficace, on réduisit la valeur nominale des monnaies, et des changements violents et soudains dans le rapport furent décrétés. Ce qui rendait les chocs et la friction de semblables mesures pires, c'est que ces mesures n'étaient pas seulement défensives, elles étaient intentionnellement offensives. Le désir des souverains, aux xiv° et xv° siècles, n'était pas seulement de défendre le stock d'or qu'ils possédaient, mais encore d'attirer à eux le stock de leurs voisins, par quelque moyen que ce fût, les souverains s'étant convaincus de l'insuffisance de la production de ces métaux pour les besoins de l'Europe. Il y avait une lutte générale pour la possession de l'or, et les méthodes de cette lutte étaient presque barbares par leur rudesse, leur violence, leur ruse et leur manque d'honnêteté. » (Shaw, *Hist. de la monnaie*, pp. 12-13.) « Les gouvernements d'autrefois croyaient, dit justement, à son tour, M. G. d'Avenel (*Hist. économ. de la propriété*, t. I, p. 65), qu'il existait entre l'or et l'argent *un juste rapport*. On n'ose trop leur jeter la pierre, à cet égard, les gouvernements modernes l'ont cru très longtemps, et il existe peut-être des hommes d'État qui le croient encore. Partant, les plus honnêtes estimaient avoir le droit et même le devoir de maintenir ce rapport puisqu'il était *juste*. Quand l'un des deux métaux renchérissait, bien vite des édits, ordonnances ou déclarations solennelles commençaient par lui ordonner de reprendre son ancien prix ; à quoi naturellement il n'avait garde d'obtempérer. Désespérant de vaincre cette résistance et de faire rentrer dans l'ordre cette marchandise rebelle, impuissant contre ce *cours abusif*, comme il le nommait, le pouvoir essayait souvent de rétablir le rapport auquel il tenait, en élevant le prix du métal qui restait stationnaire. Mais l'élévation *légale* de ce dernier était immédiatement suivie d'une élévation *commerciale* correspondante de l'autre. La lutte s'engageait entre l'État qui courait après son *juste rapport*, avec une persévérance tout à fait bouffonne, et le public qui voulait précisément changer ce rapport ; les prix du marc d'or et du marc d'argent montaient alternativement jusqu'à ce que le souverain et ses ministres, vaincus par la force des choses, battissent en retraite. »

De plus, ce qui compliquait les choses, c'est que, comme nous l'avons vu, non seulement le rapport commercial des deux métaux variait dans un même pays, mais il n'obéissait pas à des oscillations simultanées pour tous les pays à la fois. En 1494, ce rapport était de : 11,05 dans les États du duc de Savoie ; de 11,15 en Angleterre ; de 11,12 en Allemagne ; de 11 en France ; de 10,58 en Italie ; de 9,82 en Espagne (V. le tableau du rapport des deux métaux, de 1500 à 1660, année par année, dans les divers États de l'Europe ; Shaw, *Hist. de la monnaie*, pp. 51-52). Nous savons comment les manieurs d'or mettaient à profit cette mobilité discordante, en drainant l'un ou l'autre métal ; nous savons les embarras perpétuels dans lesquels ne cessent de se débattre les gouvernements pour éviter des crises économiques que ne firent souvent qu'aggraver les mesures maladroites prises pour les conjurer.

A la fin du xvᵉ siècle, le monde civilisé était devenu très pauvre en métaux précieux ; les économistes estiment qu'il en restait à peine pour 1 milliard de fr. (or et argent compris). La découverte de l'Amérique par Christophe Colomb, en 1492, ne devait pas tarder à changer les conditions économiques de l'Europe en jetant sur le marché le pro-

duit des mines d'or et d'argent du nouveau monde. Le résultat ne se fit pas attendre, tout renchérit : « A Paris,
par exemple, un hectolitre de blé, auparavant, s'obtenait
en échange de 14 à 16 gr. d'argent ; pour se le procurer,
il fallut donner successivement en argent le double, puis le
triple et avec le temps, plus encore. Toutes les denrées
éprouvèrent de même une hausse analogue dans leurs prix,
puisque le prix d'un objet est la quantité d'or ou d'argent
contre laquelle il s'échange... Par l'effet de cette baisse de
l'argent et de l'or, toute personne dont le revenu consistait en une redevance fixe d'argent ou d'or fut appauvrie...
Il faut lire dans les récits contemporains le désappointe-
ment des uns, la satisfaction des autres, la stupéfaction de
tous, car on ne distinguait pas la cause du changement
dont on était, selon la position qu'on occupait, la victime
ou le bénéficiaire. » (M. Chevalier, *la Monnaie*, p. 371.)

En comparant l'accroissement de la production des deux
métaux, on voit que les mines ne les font pas progresser
d'une manière proportionnelle et parallèle : le stock de l'or
n'augmente pas aussi vite que le stock de l'argent, si bien
que le rapport des deux métaux se modifie graduellement
et assez vite. En outre ces métaux affluent en abondance
plus ou moins grande dans chacun des pays de l'Europe,
suivant le développement des affaires commerciales avec le
nouveau monde.

La question monétaire se renouvelle donc perpétuellement
dans chaque pays, et à moins d'une entente internationale
le régime bimétallique la rend inéluctable. Voici l'aspect
qu'elle revêtait en France en 1575, sous Henri III, quand
la cour des Monnaies adressa au roi la pétition qui provoqua l'ordonnance célèbre de 1577. Les termes de la pétition sont à rapporter :

« Nous tirons, en temps de paix, deux fois autant d'argent du dehors que les étrangers en tirent de France..
Entre nous et les Pays-Bas et l'Allemagne où nous commer-
çons généralement, il y a cette différence que 6 écus, au
prix auquel on les expose ici, n'en représentent que 5 dans
lesdits pays, ce qui a amené une cherté soudaine, énorme,
des marchandises que nous importons, et ce qui nous a
causé en outre un grand désordre, à savoir que les marchands ont transporté tous nos douzains et autres monnaies
de billons, pour s'épargner la perte qu'ils auraient encou-

rue en payant en écus ou en espèces étrangères d'or ou
d'argent sur lesquels, aux prix auxquels ils circulent,
prix réglés par le caprice des gens, il y aurait une perte
de 15, 20 et 25 °/₀. La cause du renchérissement des prix
provient de la malice de ceux qui transforment en lingots
les meilleures de nos monnaies, en vue de remplir le
royaume avec d'autres moins bonnes, s'enrichissant eux-
mêmes avec le sang et les misères du peuple.

« Le remède, c'est d'abaisser le tarif des monnaies. Les
écus devraient descendre à 50 sols ; mais, pour le présent,
nous consentirions qu'ils soient mis à 60 en attendant une
nouvelle réduction. La circulation de toutes les pièces étrangères devrait être prohibée, comme la cause principale de
tous ces maux, car, bien que les pièces étrangères aient été
évaluées par vos ordonnances en rapport avec le prix de
l'écu, cependant les gens les ont toujours augmentées
plus qu'ils n'ont fait pour vos propres monnaies, si bien
que l'écu en ce moment, pour être d'accord, devrait passer pour 78 sols. Cela provient de l'habileté de l'étranger
et la seule exception importante, ce sont les réaux et pis-
toles d'Espagne qui sont de bonté connue et profitent aux
fondeurs ; ils ne nous ont jamais fait de mal. Mais, d'autre
part, on les fond dans toute la France, et au tarif actuel
l'étranger obtient un profit d'environ 7 livres par marc, si
bien que nous conseillons d'en défendre la circulation.
Enfin nous conseillons de supprimer la vieille façon de
compter par livre et sol et d'y substituer le compte par
écu. »

L'ordonnance du 13 nov. 1577 mit en partie ces conseils à exécution. Sous Henri IV, les mêmes maux se re-
nouvelèrent sous une autre forme, et le roi, suivant
l'usage, convoqua des conférences monétaires pour prendre
l'avis des hommes compétents. Il en fut de même sous
Louis XIII.

En 1601, le rapport des deux métaux était en France
de 11,88 ; en Angleterre, de 10,90 ; dans les Pays-Bas,
de 11,40 ; en Allemagne, de 11,86. Dix ans plus tard,
ce même rapport était en France de près de 13 ; en Angleterre, de 13,52 ; en Espagne, de 13,52 ; dans les Pays-
Bas, de 12,54 ; en Allemagne, de 12,30 ; à Venise, de
11,04. Vers 1640, nous constatons les rapports suivants :
en France, 14,49 ; en Angleterre, environ 14 ; dans les

Pays-Bas, 13,39 ; en Allemagne, 15,10 ; à Venise, 14,38. C'est en vain que, pour la France, en particulier, des ordonnances royales essayèrent d'entraver ce mouvement ascensionnel dans la cherté du métal jaune et de ramener le rapport commercial à l'équation admise dans la frappe des monnaies. Rien n'y fit, et une nouvelle fois, pour conjurer la crise, on dut procéder à la refonte générale des monnaies, décrétée par l'ordonnance du 16 mai 1640 qui créa le nouveau louis d'or.

Sous Louis XIV, mêmes embarras. Vers 1668, par exemple, le rapport des metaux est, en France, de 14,90 ; en Angleterre, de 14,48 ; en Espagne, de 16,47 ; en Allemagne, de 15,13 ; à Venise, de 14,39. Et tandis qu'en France les ordonnances royales succèdent aux ordonnances, en Hollande les *plakkaats* ou proclamations du tarif nouveau des monnaies succèdent aux *plakkaats* ; en Allemagne, on multiplie vainement les édits impériaux, les diètes et conférences, et, en Angleterre, le Long Parlement discute non moins vainement sur la situation des *bullionistes* ou changeurs. En 1695, le rapport de l'or à l'argent est de 15,02 ; en 1706, il atteint 15,27 ; en 1720, il redescend à 15,04 ; en 1730, à 14,81 ; en 1735, il remonte à 15,41 ; en 1751, il est de 14,39. En 1785, en France, on fixa officiellement ce rapport à 15 1 2 pour la frappe du louis de 24 livres, et c'est ce rapport qui, maintenu en 1803, est encore actuellement la base du système monétaire français.

VIII. LA QUESTION MONÉTAIRE CONTEMPORAINE. — L'instabilité de valeur des deux métaux monétaires n'a pas moins embarrassé les sociétés modernes que celles des temps passés. La recherche de la péréquation de l'or et de l'argent est un problème qui a toujours été posé et le sera probablement toujours : il faut le ranger au nombre des éternelles utopies qui agitent l'humanité et nous contenter d'enregistrer les efforts plus ou moins heureux ou funestes, prudents ou maladroits qui ont été proposés par les gouvernements pour atténuer ou conjurer les effets, souvent désastreux, des crises monétaires. A l'époque contemporaine, on a créé deux expressions pour désigner les deux systèmes préconisés par les économistes pour remédier, dans la mesure du possible, aux inconvénients du jeu de

bascule de la valeur de l'or et de l'argent : ce sont les
mots de *bimétallisme* et de *monométallisme*, que nous
allons expliquer sans entrer dans les discussions sans fin
auxquelles les deux systèmes qu'ils représentent ont donné
lieu.

A l'origine du système du *bimétallisme* tel qu'il fut
organisé en France, sur la proposition de Gaudin, par la
loi du 7 germinal an XI (1803), les pièces de 5 fr. en
or et de 5 fr. en argent étaient équivalentes, aussi bien
comme valeur intrinsèque que comme valeur légale. En
effet, à l'époque où fut établi ce système, le kilogramme
d'argent valait 200 fr.; 5 fr. représentaient donc exactement la valeur de 25 gr., poids qui fut donné à la pièce
de 5 fr. en argent. D'un autre côté, à la même date,
le kilogramme d'or valait 3.100 fr.; pour 5 fr. on achetait
ainsi 1ᵍʳ,613, poids qui fut donné à la pièce de 5 fr. en
or (on tailla 155 pièces de 20 fr. dans 1 kilogr. d'or). La
pièce d'argent pesant 25 gr. et la pièce d'or 1ᵍʳ,613, il
faut quinze pièces d'or et une demie pour faire équilibre
à une pièce d'argent dans les plateaux d'une balance. Si
ce rapport 15 1 2 fixé par la loi française pouvait rester
stable et fixe, le système serait donc parfait ; mais nous
avons vu et nous constaterons encore qu'il ne saurait en
être ainsi.

A la suite de la terrible crise financière que les guerres
de Napoléon firent subir à l'Angleterre, les économistes de
ce pays, frappés de l'impossibilité de fixer entre les deux
métaux précieux un rapport qui pût durer, en ont conclu
que le mieux était d'en adopter un seul comme métal monétaire, le second devant, comme le cuivre, servir seulement pour fabriquer la monnaie d'appoint. Depuis 1816,
l'Angleterre est sous ce régime qu'on appelle *monométallisme* : l'unité monétaire est le *souverain* ou livre sterling, au titre de 11 douzièmes de fin, et pesant 7ᵍʳ,988.
Tout individu peut faire frapper autant de monnaies d'or
qu'il lui convient. Mais l'argent, monnaie d'appoint, n'est
frappé qu'en une quantité légalement restreinte, comme le
cuivre : il n'a pas le pouvoir libératoire et il peut être
refusé par tout créancier au-dessus de 2 livres sterling.
Sous ces réserves fondamentales, la loi a décidé que le
souverain d'or vaudrait toujours 20 shellings.

On voit, par ces deux exemples, ce qu'il faut entendre

par *bimétallisme* ou *monométallisme*, systèmes que, depuis plus d'un demi-siècle, discutent les économistes sans pouvoir s'entendre, parce que chacune des deux combinaisons offre à la fois des avantages et des inconvénients.

Parmi les écrivains qui se sont faits les champions du double étalon, nous citerons : Wolowski, Courcelle-Seneuil, Seyd, Prince-Smith, Cernuschi, E. de Laveleye, J. Bryan, Léonard Darwin ; on trouvera, au contraire, la cause du monométallisme-or plaidée dans les écrits de Michel Chevalier, de Parieu, Hendriks, Frère-Orban, Levasseur, Feer-Herzog, Juglar, Stanley Jevons, W.-H. Shaw, etc.

En théorie, dans le système du bimétallisme, on devrait, quand l'or est en baisse, ajouter un peu d'or à chaque pièce de ce métal, pour réparer sa dépréciation proportionnelle. Quand c'est l'argent, l'opération contraire serait nécessaire : il faudrait fabriquer des pièces de ce métal plus lourdes ; si la pièce actuelle de 5 fr. ne vaut que 2 fr. 50 d'or, donnez-lui le poids d'argent de deux pièces de 5 fr., et ainsi l'équivalence parfaite sera rétablie. Mais, en pratique, de pareilles réformes ne sont pas réalisables dans les États modernes : il n'est pas possible à un grand pays de refondre constamment la moitié de son numéraire circulant, tantôt les pièces d'or, tantôt les pièces d'argent. Outre les frais énormes que de pareilles opérations entraîneraient, puisqu'il faudrait que l'État fournît ce qui manquerait à la valeur réelle des pièces, le plus grand désarroi en résulterait pour le public dans les affaires commerciales journalières, si bien que le remède risquerait d'être pire que le mal. Et pourtant, dans les temps antiques, surtout chez les républiques grecques, c'est à cette mesure radicale qu'on a eu recours pour rendre aux espèces le caractère de *monnaie droite*, c.-à-d. de monnaie équivalente à sa valeur nominale. Il était possible à ces petits États, dont les espèces, relativement peu abondantes, ne circulaient guère en dehors du territoire de la capitale, de changer souvent le poids de ces pièces, d'abandonner pour leur taille un système pondéral et d'en adopter un autre, dans le but de donner aux pièces l'équivalence nécessaire entre leur valeur légale et leur valeur métallique. Mais il n'en est plus de même dans les grands États modernes. Les fluctuations dans la valeur des deux métaux depuis soixante-cinq ans sont résumées dans le tableau suivant :

1831-40	15,67	1861-65 ..	15,40
1841-50	15,82	1866-70 ..	15,55
1851-55	15,44	1871-75 ..	15,97
1856-60	15,30	1875-94 .. de 16 jusqu'à 31

La première secousse un peu violente que reçut la relation officielle française 15 1/2 remonte à 1848-54, époque où les mines d'or découvertes en Australie et en Californie jetèrent sur le marché brusquement une telle quantité de ce métal, — 200.000 kilogr. par an au lieu de 55.000, — que sa valeur par rapport à l'argent se trouva dépréciée. Dès lors, pour acheter 1 kilogr. d'or, il n'était plus nécessaire de payer 15 kilogr. 1/2 d'argent, suivant l'équivalence fixée pour la monnaie française ; on pouvait l'obtenir pour 15 et même 14 kilogr. Notre monnaie d'or avait donc baissé par rapport à notre monnaie d'argent, et sa valeur nominale, en dépit de la loi, était devenue supérieure à sa valeur réelle ou intrinsèque ; l'équilibre était rompu entre la pièce de 5 fr. en or et la pièce de 5 fr. en argent : celle-ci faisait prime et bénéficiait d'une plus-value dans le commerce extérieur ; aussi, par application du théorème de Gresham, elle émigra en masse à l'étranger.

Ce fut l'Inde, dont le commerce se développait alors et était monométalliste-argent, qui absorba une grande partie de notre argent, et voici comment se pratiquait cette transfusion métallique. Le banquier qui voulait envoyer de l'argent à Calcutta, à Madras ou à Bombay, se gardait bien d'acheter ce métal à Londres, où avec 1 kilogr. d'or il n'aurait pu se procurer que 14 kilogr. d'argent ; il venait s'approvisionner à Paris où, de par la loi française, pour 1 kilogr. d'or il recevait 15 kilogr. 1/2 d'argent. Et c'est ainsi que plus de deux milliards de nos pièces d'argent furent transportées dans l'Inde où on les convertit en roupies. D'autre part, on avait intérêt en France à faire monnayer l'or plutôt que l'argent, puisque l'or coûtait moins cher. « Aujourd'hui, écrivait le duc de Blacas en 1865, l'argent fait prime, c.-à-d. que quatre pièces de 5 fr. valent un peu plus qu'une pièce de 20 fr. en or. Il en résulte que le gouvernement trouve avantageux d'émettre beaucoup d'or et peu d'argent, et que les spéculateurs indigènes et étrangers accaparent les pièces de 5 fr., qui ont, en effet, presque disparu de nos marchés. » Tel est le véritable secret des beaux napoléons d'or sous le second Empire ; de 1853 à 1878, la Monnaie de Paris frappa 5 milliards 748 millions en or, et seulement 368 millions en argent.

Pour empêcher la monnaie d'argent d'émigrer — elle était alors la bonne, — on en abaissa le titre et on la rendit moins avantageuse. Par une convention conclue entre la France, la Belgique, la Suisse et l'Italie, le 23 déc. 1865, le titre des pièces d'argent, hormis la pièce de 5 fr., fut abaissé de 900/1000 à 835/1000, ce qui enlevait à ces pièces plus de 7 °/₀ de leur valeur intrinsèque. Il n'y avait plus dès lors grand intérêt pour les spéculateurs à exporter les nouvelles espèces. La convention du 23 déc. 1865, à laquelle adhéra la Grèce en 1868, porte le nom d'*Union latine*; conclue d'abord pour treize ans, elle a été renouvelée successivement en 1878, 1886, 1891 et 1894 : on doit la considérer comme le premier pas important fait dans la voie de l'unification des systèmes monétaires du monde civilisé.

Les mesures prises en 1865 conjurèrent la crise monétaire pendant quelque temps : mais voilà qu'en 1872 et dans les années suivantes on découvrit dans les États-Unis et ailleurs des mines d'argent d'une abondance extrême. Tandis que, d'après les statistiques de Soetbeer et de Shaw, la production de l'argent était, en 1865, de 1.100.000 kilogr., elle atteignait 2.861.000 kilogr. en 1881, et elle dépassait 5.000.000 de kilogr. en 1893. La production de l'or, loin de progresser dans des proportions semblables, diminua même pendant cette période, puisque, de 1851 à 1855, elle était annuellement de 200.000 kilogr. et que, de 1881 à 1885, elle tomba à 149.000 kilogr. De là, il advint que l'or reconquit la place qu'il avait perdue dans la période précédente ; pour acheter 1 kilogr. d'or, ce ne fut plus 15 kilogr. d'argent qu'il fallut payer sur le marché, mais successivement 16, 18, 20, 22 et jusqu'à 30 kilogr. d'argent. L'équilibre se trouva rompu de nouveau, mais cette fois, en sens inverse, l'or fit prime et l'argent fut déprécié à son tour.

On vit alors des spéculateurs acheter des masses énormes de ce métal, à 120 fr. le kilogr., puis meilleur marché encore : et ils portèrent cet argent à la Monnaie de Paris, où, de par la loi française, on était tenu de le convertir en monnaie à titre légal, ou, ce qui est tout un, de leur donner l'équivalent en monnaie d'or, sur la base de la proportion légale, 1 à 15 1/2. Le stock qui leur avait coûté 120 fr. ou moins leur rendait 200 fr. en monnaie; la différence était leur bénéfice net et représentait la perte de l'État. Répétée sur une grande échelle, cette opération pouvait entraîner pour notre pays une véritable catastrophe: c'est pour la prévenir qu'on prit le parti, en 1876, de suspendre la frappe des pièces d'argent, sauf pour la monnaie d'appoint, dont la quantité est légalement limitée et le titre inférieur.

Une autre mesure préservatrice consista à fermer notre frontière aux pièces d'argent étrangères, même à celles qui, comme les monnaies du Vénézuéla, du Chili, du Pérou ou de la République Argentine, ont le même titre, le même poids et le même module que notre pièce de 5 fr. Le public, sans doute, aurait continué sans répugnance à les accepter, puisqu'elles sont semblables aux nôtres et qu'il ne s'aperçoit pas du préjudice qu'elles pourraient lui causer, mais cette inadvertance lui aurait coûté cher. Qu'arriverait-il, en effet, si les pièces de 5 fr. en argent de l'Amérique du Sud jouissaient chez nous du privilège de notre pièce de 5 fr. en argent, c.-à-d. si la loi du cours forcé leur attribuait une plus-value factice égale à 5 fr. d'or? On frapperait au Vénézuéla, au Chili, dans la République Argentine et au Pérou, d'énormes quantités de ces pièces qui ne coûteraient au fabricant que 2 fr. 50 et même moins encore, et on les exporterait en France pour les échanger contre notre pièce d'or de 5 fr. ou ses multiples. Nos belles monnaies d'or, suivant la loi de Gresham, s'envoleraient en Amérique, et nous recevrions, en retour, de l'argent déprécié. Un jour viendrait où nous nous apercevrions, mais trop tard, que nous avons été dupes, que nous avons reçu 2 fr. 50 en retour des 5 fr. d'or que nous avons donnés, et qu'il ne nous reste plus qu'une monnaie fiduciaire et appauvrie dont l'étranger ne veut pas, car une monnaie qui a cessé d'être un équivalent réel ne peut être reçue que pour son poids de métal fin et sa valeur marchande, hors du pays où elle a été émise et où elle a cours forcé. Au point de vue international et extérieur, la monnaie métallique ne valant

que pour son métal fin ne saurait franchir les frontières
du pays où elle circule, de par la loi du cours forcé, pour
une valeur surfaite. C'est le cas de notre monnaie d'argent et nous sommes contraints de payer en or toutes les
marchandises que nous achetons à l'étranger. On va voir
combien notre commerce extérieur souffre de cet état de
choses.

Prenons un pays qui exporte ou exportait, durant ces
dernières années, du blé chez nous, la République Argentine, où l'or fait prime de 350 %, ce qui veut dire que ce
qu'on appelle 100 fr. d'or à Paris vaut 350 fr. d'argent
à La Plata. Quand les Argentins nous vendent du blé à
10 fr. l'hectol., c'est pour eux comme s'ils nous le ven-
daient en réalité 35 fr., puisque les 10 fr. que nous leur
donnons en paiement équivalent à 35 fr. chez eux. Pour
pouvoir lutter contre l'affluence du blé américain, il faudrait donc que l'agriculteur français livrât, lui aussi, son
blé à 10 fr. l'hectol., ce qui lui est impossible, car il ne
peut profiter, comme son concurrent, de la prime de l'or.
Aussi pour protéger notre agriculture, il a fallu recourir
à d'autres moyens et mettre des droits d'entrée sur les
blés étrangers.

Autre exemple : Un Argentin veut se faire expédier de
Paris, je suppose, des livres pour 100 fr. : comme le libraire français ne peut recevoir en paiement la monnaie
argentine qui n'a pas cours chez nous, l'acheteur américain sera obligé de se procurer de l'or, et pour faire 100 fr.
d'or il devra débourser 350 fr. d'argent. Il lui faudra
donc, en réalité, payer ses livres 350 fr., ce qui lui paraîtra un prix exorbitant, et il s'abstiendra. Et à supposer
qu'il achète quand même, ce ne sera pas le libraire français qui bénéficiera de la plus-value de l'or, mais le changeur de La Plata qui, pour 100 fr. d'or aura reçu 350 fr.
d'argent ayant cours forcé sur place. Aujourd'hui, après
vingt-deux ans, la frappe de notre pièce de 5 fr. en argent continue à être suspendue parce que la valeur de l'argent par rapport à l'or ne s'est pas rapprochée de la proportion 15 1 2 qui est la base de notre système légal :
nous sommes donc, en fait, actuellement, puisque notre
monnaie d'argent est à frappe restreinte, sous un régime
mixte que nous appellerons monométallisme *or argenté*.
Mais cette situation se prolongera-t-elle longtemps ? Qui

pourrait le dire? Depuis quelques années, de nouvelles mines d'or ont été découvertes au Transvaal, en Australie, en Amérique. De nombreuses compagnies de recherches et d'exploitation de nouveaux gisements se sont formées ; la quantité d'or et d'argent jetée sur le marché a progressé dans d'énormes proportions. Que résultera-t-il de cette surproduction pour l'équilibre des deux métaux ? Doivent-ils reprendre dans quelque temps, quand la fièvre d'aujourd'hui sera passée, une équivalence normale et faire triompher la thèse bimétalliste, ou bien, suivant les apparences actuelles, l'un des deux métaux, l'argent, est-il définitivement condamné et l'humanité est-elle désormais destinée à vivre sous le régime monométalliste-or? On n'ose répondre à de pareilles questions, surtout quand on se rappelle jusqu'à quel point se sont trompés les savants qui, statistiques en main, il y a quelque soixante ans, préconisaient le triomphe de l'argent.

Si le bimétallisme a ses difficultés que nous venons de faire ressortir sommairement, le monométallisme présente des inconvénients non moins graves.

En 1850, c.-à-d. dans la période où tous les économistes prévoyaient une grande baisse dans la valeur de l'or, la Hollande adopta l'argent comme étalon unique de sa monnaie. Tout alla pour le mieux, tant que l'argent fit prime, mais depuis une vingtaine d'années, c'est l'or, au contraire, qui fait prime, de sorte que la Hollande a dû, en 1878, sous la menace de catastrophes imminentes, changer son système monétaire et adopter l'étalon unique d'or. L'Inde anglaise dut faire de même plus récemment. Or, ce qui s'est produit pour les pays monométallistes-argent peut se renouveler pour les pays monométallistes-or. Actuellement, les pays monométallistes-or, comme l'Angleterre, l'Allemagne (loi du 4 déc. 1871), les pays Scandinaves (conventions des 18 oct. 1872 et 27 mai 1873), la Hollande (loi du 6 juin 1875), les Indes anglaises (1893), le Japon (depuis 1897), se trouvent bien de ce régime, à cause de la plus-value de l'or ; mais que cet état de choses vienne à changer : que l'argent reprenne le dessus, devienne moins abondant, comme cela s'est produit il n'y a pas cinquante ans, et la dépréciation de l'or pourra être fatale à ces mêmes pays. Pour leurs dettes extérieures, ils devront se procurer de l'argent et ils ne pourront le faire qu'avec perte. En outre, si tous les pays bimétallistes devenaient tout de suite monométallistes-or, ce dernier métal renchérirait dans des proportions inquiétantes ; on risquerait même de provoquer dans sa valeur une véritable révolution qui romprait l'équilibre de tous les contrats. La dette de tout débiteur, État ou particulier, serait accrue dans la proportion du renchérissement du métal libérateur.

Le stock de métal jaune dont dispose l'humanité est trop restreint pour pouvoir, à lui seul, suffire à la circulation monétaire du monde entier ; il faudrait donc, si tous les pays étaient monométallistes-or, étendre le pouvoir libératoire et développer la frappe de la monnaie d'appoint en argent, en nickel ou en cuivre. Or, nous verrons tout à l'heure les inconvénients graves qu'engendrerait le développement de cette monnaie d'appoint dont la valeur nominale est supérieure à la valeur intrinsèque.

Enfin, au point de vue immédiat, le bas prix actuel de l'argent fait que la démonétisation de ce métal, dans les pays bimétallistes, ne peut se pratiquer qu'en entraînant des pertes énormes. Dans l'espace de vingt-deux ans, l'Allemagne, qui, pour établir son régime monométallisme-or, a dû entreprendre cette démonétisation de l'argent, n'a pu l'accomplir entièrement, malgré la masse énorme d'or que la France lui livra en 1871. « Jusqu'en 1879, l'ancienne monnaie d'argent fut vendue à Londres et à l'étranger. L'empire avait retiré de la circulation environ 1 milliard de marcs ; il vendit 7.104.895 livres 993 d'argent qui lui avaient coûté 633.621.428 marcs 89, au prix de 567.139.992 marcs 98 ; il perdit donc 96.481.435 marcs 91, dont 71 par la dépréciation du métal argent et 25 par le frai. Comme le prix de l'argent baissait toujours, on cessa les ventes en 1879. » (Paul Muller, *l'Économiste français*, n° du 4 juillet 1885.) Bien d'autres inconvénients que se sont complu à faire ressortir certains partisans du bimétallisme, tels que MM. H. Cernuschi et E. de Laveleye, sont inhérents au régime anglais et allemand et ne feraient qu'empirer s'il était universellement et brusquement adopté. « L'effort général que l'on ferait de tous les côtés à la fois pour se débarrasser du métal argent pourrait occasionner les plus graves désordres dans la situation économique et produire une crise plus désastreuse que toutes

celles dont le monde commercial a gardé le souvenir. »
(*Procès-verbaux de la conférence internationale de
1878*, t. I, p. 72.) En résumé, les monométallistes disent :
la prétention de fixer un rapport invariable entre la valeur
de l'or et celle de l'argent est irréalisable et condamnée
par l'histoire de tous les temps. L'expérience est faite et
il est temps d'y renoncer en adoptant un seul métal, l'or,
comme étalon et mesure des valeurs. Les bimétallistes
répondent : le maintien d'un rapport fixe entre la valeur
de l'or et celle de l'argent est si bien réalisable, que la loi
de l'an XI l'a réalisé par la proportion 15 1/2, et que
l'Amérique du Nord l'a aussi accompli par la proportion 16;
ce régime est viable puisqu'il a duré pendant l'espace de
quatre-vingts ans sans amener aucune perturbation grave,
et cela en dépit des changements considérables survenus
dans la production des métaux monétaires : donc, pour
mettre fin à la perturbation qui existe aujourd'hui, il suffira't d'une entente internationale pour que, dans tous les
pays, le même rapport étant établi, il n'y eût plus intérêt
ni possibilité de drainer un métal au détriment de l'autre.

Si les économistes n'ont pu s'entendre jusqu'ici, au grand
scandale de ceux qui suivent leurs débats, c'est que, à
notre avis, les deux thèses opposées renferment, chacune,
une part d'erreur à côté d'une part de vérité. Oui, dirons-
nous aux monométallistes, l'histoire et le bon sens dé-
montrent que la prétention de fixer un rapport immuable
entre la valeur de l'or et celle de l'argent est irréalisable;
néanmoins, lorsque le rapport commercial oscille, en plus
ou en moins, dans le voisinage immédiat du rapport fixé
officiellement pour le système monétaire, il ne se produit
pas de perturbations : la loi sert de régulateur efficace.
Mais, et ceci est l'objection que nous ferons aux bimétallistes, lorsque, par suite d'une surproduction inouïe à l'avantage de l'un des deux métaux, le rapport commercial se
trouve très éloigné du rapport légal fixé pour les monnaies ; lorsque du rapport 15 1/2, par exemple, le commerce passe coup sur coup au rapport 18, 20, 30 et même
au delà, comme en ces dernières années, c'est alors que
toute mesure législative devient inefficace, dangereuse,
ruineuse, despotique. Le rapport des deux métaux fixé par
la loi, s'il n'est pas absolument adéquat au rapport commercial, doit toujours s'en approcher de très près, sans

quoi il cessera d'être un régulateur, et ce n'est plus autour
de lui que graviteront les écarts. Les courtes oscillations
peuvent être réglées par la loi, mais les oscillations d'une
grande amplitude ne peuvent plus l'être : le mécanisme
est alors faussé, la balance devient folle et cesse de pouvoir servir : c'est à la loi à fléchir à son tour, à se recti-
fier et à prendre une base nouvelle. (J. Bertrand, dans le
Journal des Savants, 1898.)

Les volumineux procès-verbaux des conférences monétaires internationales tenues, principalement à Paris,
depuis 1867, dans le but de régler cette question du
double étalon ou de l'étalon unique, montrent que les
deux thèses en présence ne manquent pas d'arguments
solides, mais en même temps, et surtout, ils mettent en
pleine lumière les avantages de toute nature qui résulte-
raient de l'établissement d'une *monnaie internationale*.
L'avenir est là et n'est que là, que la monnaie soit monométallique ou bimétallique : l'*Union latine* a donné le
branle dès 1865, et, au point de vue de la civilisation
générale, il est regrettable que l'empire d'Allemagne, en
1871, sous l'influence d'idées politiques, particularistes et
étroites, ait fait un pas en arrière et créé son *marc d'or*
qui ne peut entrer en compte juste avec le système monétaire d'aucun autre pays.

Le 17 mars 1895, la ligue bimétalliste française, pré-
sidée par M. J. Méline, déposait sur le bureau de la
Chambre des députés un projet de résolution ainsi for-
mulé : « La Chambre des députés, considérant que l'établissement du bimétallisme international serait un grand
bienfait pour les intérêts agricoles, industriels et commer-
ciaux du pays, invite le gouvernement à prendre les
mesures nécessaires pour établir et assurer, par une entente internationale, un rapport fixe entre l'or et l'argent. » Ce projet est resté jusqu'ici lettre morte; il en
est de même d'une motion analogue présentée à la
Chambre des communes en Angleterre, à la Chambre des
députés d'Autriche et au Reichstag de Berlin. Aux États-
Unis, la question monétaire fut, en 1896, la principale
plate-forme des partis en présence pour l'élection à la pré-
sidence de la République : on l'appelait la bataille des étalons (*battle of standards*). La candidature de M. Bryan
donna aux partisans du bimétallisme l'occasion de

formuler ainsi leur programme : « Reconnaissant que la
question monétaire est aujourd'hui la plus importante de
toutes, nous rappelons que la Constitution désigne en même
temps l'or et l'argent comme étant les métaux monétaires
des États-Unis et que la première loi de frappe votée par
le Congrès, après l'établissement de la Constitution, fit du
dollar d'argent l'unité monétaire, et n'admet la libre frappe
du dollar d'or qu'à un taux déterminé sur la base du dollar d'argent. Nous déclarons que l'acte de 1873, qui a
démonétisé l'argent sans que le peuple américain en ait
eu connaissance ni l'ait approuvé, a eu pour résultat le
renchérissement de l'or et, comme conséquence, une baisse
correspondante du prix des marchandises produites par le
peuple ; un lourd accroissement de la charge des impôts et
de toutes les dettes privées et publiques ; l'enrichissement
de la classe des prêteurs, ici et au dehors, la décadence de
l'industrie et l'appauvrissement du peuple. Nous sommes
inaltérablement opposés au monométallisme, qui a para-
lysé la prospérité de toute la communauté industrielle. Le
monométallisme-or est une politique anglaise : en l'adoptant, d'autres nations sont devenues les esclaves financières
de Londres. Elle n'est pas seulement non-américaine, elle
est antiaméricaine... Nous demandons la frappe libre et
illimitée de l'argent et de l'or *au rapport actuel de 16
à 1*, sans attendre l'aide ni le consentement d'aucune
autre nation. Nous demandons que le dollar d'argent étalon ait pleine force libératoire, à l'égal de l'or, pour toutes
dettes publiques et privées. » Adoptant ces principes, le
Sénat américain vota une résolution invitant le gouvernement à provoquer la réunion d'une conférence internationale ayant pour but de faire établir par tous les grands
États un rapport fixe entre les deux métaux monétaires
(Raphaël-G. Lévy, dans la *Revue des Deux Mondes*,
15 août et 15 nov. 1896).

En dépit de ces solennelles démonstrations en faveur du
bimétallisme international, une solution pratique paraît
loin encore d'intervenir, surtout parce que les pays qui
sont sous le régime monométalliste-or, y trouvant actuellement leur avantage, sont en possession du meilleur des
arguments pour le maintien de leur système et ne sont
nullement disposés à en changer, fût-ce même pour le
plus grand bien de l'humanité tout entière.

IX. VALEUR DE LA MONNAIE. — Dans toute monnaie, il faut distinguer la valeur *métallique* ou intrinsèque, la valeur *légale* ou courante, enfin la valeur *relative* ou le pouvoir de la monnaie.

La valeur métallique d'une monnaie peut toujours être déterminée quand on en connait le titre et le poids.

La valeur légale n'est pas toujours, comme elle devrait l'être pour constituer une monnaie *droite*, conforme à la valeur métallique : nous pouvons l'observer pour nos monnaies d'argent actuelles, dont il a fallu restreindre ou suspendre la fabrication à cause de la dépréciation subie par le métal. Le désaccord entre la valeur métallique et la valeur légale des monnaies a provoqué la plupart des crises monétaires dont l'histoire du monde est remplie ; nous en avons cité et nous en verrons encore des exemples. En général, c'est la variation des cours dans le prix des deux métaux nobles sur le marché, qui cause ce désaccord. Mais il est arrivé parfois, surtout au moyen âge, que les pouvoirs publics ont voulu, poussés par des nécessités financières, surélever la valeur légale de certaines monnaies, c.-à-d. leur donner une valeur nominale supérieure à celle pour laquelle elles avaient eu cours jusque-là. Le roi déclarait, par exemple, qu'une monnaie qui avait cours pour 10 deniers serait reçue désormais pour 15 deniers. Philippe le Bel eut recours à ce procédé contraire au droit, comme à l'essence même de la monnaie, mais qui paraissait alors correct et légitime, car Montesquieu, au XVIII° siècle, écrit encore ce qui suit : « L'argent a, comme monnaie, une valeur que le prince peut fixer ; il établit une proportion entre une quantité d'argent comme métal et la même quantité comme monnaie ; il fixe celle qui est entre les divers métaux employés à la monnaie ;... enfin il donne à chaque pièce une valeur idéale. » (Montesquieu, *Esprit des lois*, XXII. 10.) De cette doctrine fausse il résultait que, si le prince a le droit de fixer comme il l'entend la valeur légale de la monnaie, il a aussi le droit de modifier cette valeur le jour où cette réforme lui semble utile ou profitable.

La valeur relative de la monnaie a provoqué, dans ce siècle, de nombreux travaux, tels que ceux de C. Leber (*Essai sur l'appréciation de la fortune privée au moyen âge*, 1847, in-8), l'abbé Hanauer (*Études écono-*

miques sur l'Alsace, 2 vol. in-8), G. d'Avenel (*Histoire économique de la propriété*), et tant d'autres. J.-B. Say a qualifié la recherche de cette valeur : la quadrature du cercle de l'économie politique. Quelle somme de richesses représentait le kilogramme d'or ou d'argent du temps de Crésus, de Périclès, d'Alexandre, d'Auguste, de Charlemagne de saint Louis, de Louis XIV ? et quelle somme de richesses représente aujourd'hui ce même kilogramme d'or ou d'argent ? Quel était le pouvoir de la drachme grecque, du denier romain, du gros tournois par rapport à notre franc ? Chercher la solution de ces questions, établir en un mot le coût de la vie à toutes les époques de l'histoire, n'y a-t-il pas là de quoi exciter notre curiosité ? Mais tous les calculs qu'on peut faire dans cet ordre d'idées — résignons-nous à en faire l'aveu — ne sauraient aboutir qu'à des approximations tout à fait incertaines et aléatoires.

Quelle commune mesure, en effet, pourrait-on adopter pour permettre, à ce point de vue, la comparaison entre notre époque et une époque historique déterminée ? Les uns ont choisi, par exemple, le prix du blé, à deux époques : parce que cette denrée est d'un usage commun, on en suppose la valeur à peu près invariable. Mais cette supposition est bien sujette à contradiction, et la moyenne que des économistes comme Dupré de Saint-Maur, Adam Smith, J.-B. Say, Cibrario, Germain Garnier, ont cherché à établir entre le prix des années d'abondance et le prix des années de disette ou des années ordinaires a été justement critiquée et considérée comme peu sûre. D'autres savants ont voulu prendre pour base le prix de la main-d'œuvre, et particulièrement des salaires ruraux, mais cette base est variable également et dépend en partie de la condition de l'ouvrier, des jouissances qu'il se procure, de la richesse ou de la pauvreté du maître qu'il sert ou du pays où il vit. Prendre les prix divers de toutes les choses nécessaires à la vie, comme l'ont tenté Leber, Pierre Clément, d'Avenel ; établir des moyennes budgétaires des individus ou des familles, sont des éléments de recherches non moins flottants. A la réflexion même, ne nous apercevons-nous pas que, sous nos yeux, le pouvoir de l'argent varie d'un pays à l'autre, d'une province à l'autre dans un même pays. Au fond de la Bretagne, en

1898, le prix de la vie est-il donc le même qu'à Paris ?
le budget d'un ménage ouvrier ou bourgeois est-il pareil,
ici et là ? Évidemment non. En ne tenant pas compte
de l'alliage, nous pouvons bien établir que la drachme
attique, dans la période où elle pèse 4^{gr},30, vaut
intrinsèquement 0 fr. 87 de notre monnaie, puisque
1 fr. pèse 5 gr. Mais il nous est à peu près impossible
de dire si un homme qui possédait 0 fr. 87, à Athènes
au ive siècle avant notre ère, était plus riche qu'un
homme ayant la même somme à Paris, en 1898. Polybe
(*Hist.*, II, 15) raconte que, de son temps, c.-à-d.
150 ans av. J.-C., un étranger voyageant en Italie pouvait
vivre dans les hôtelleries avec un demi-as par jour et qu'il
dépensait rarement davantage, et il ajoute qu'il faut entendre par ce demi-as le quart d'une obole. L'historien
veut faire ressortir, cela est évident, la modicité du prix,
mais qui oserait évaluer avec quelque précision cette somme
minime, ce demi-as ou quart d'obole, par rapport au coût
le plus inférieur des hôtels en Italie à notre époque. Cela
est scientifiquement impossible, et je ne puis, pour ma
part, qu'envisager avec la plus extrême réserve les résul-
tats que certains savants se croient pourtant autorisés à
nous donner comme positifs. « L'argent du xive siècle, dit
C. Leber avec assurance, ayant six fois le pouvoir du
nôtre, et le marc étant à 5 livres en 1347, il s'ensuivra
qu'un revenu de 50 livres de ce temps, égal en poids
d'argent à 550 de nos francs, représenterait, en valeur
commerciale actuelle, six fois 550 ou 3.300 fr. de rentes;
en d'autres termes, que le possesseur de ce revenu de
50 livres vivait avec l'aisance que procureraient aujour-
d'hui 3.300 fr. de rentes. » Voilà ce que Leber affirmait
en 1847 ; mais les bases mêmes de cette assertion sont
essentiellement incomplètes, aléatoires et sujettes à caution,
puisque le pouvoir de la monnaie à une même époque,
variant suivant les lieux et les circonstances, ne peut être
exactement fixé ; à plus forte raison ne saurait-il l'être
quand il s'agit d'époques historiques plus ou moins éloignées de nous et pour lesquelles les éléments d'appréciation de cette nature nous font plus ou moins défaut.

X. LA MONNAIE D'APPOINT. — L'appareil monétaire
complet d'un pays, dans les sociétés compliquées de l'anti-

quité et des temps modernes, se compose ordinairement
de pièces frappées dans trois métaux, l'or, l'argent, le
bronze, — ou parfois, à la place de ce dernier métal, le
zinc, le nickel, le plomb, l'étain ou le fer. Dans leur rôle
monétaire, les trois métaux se complètent l'un l'autre ;
ils sont tous les trois indispensables pour répondre au caractère de commodité et de facilité d'emploi qui doit distinguer tout bon système monétaire destiné à fournir aussi
bien le *médium* des grandes affaires commerciales, que le
véhicule des petites transactions de chaque jour. L'or constitue plus aisément que les autres métaux les grosses
sommes, l'argent sert surtout pour les paiements moyens,
et le bronze pour les menues dépenses. Aucun de ces trois
éléments ne saurait, sans inconvénient, éliminer ses deux
auxiliaires et répondre, à lui seul et sans gêne, aux exi-
gences du commerce. L'or est trop peu abondant et trop
cher pour qu'on en puisse fabriquer de petites monnaies
divisionnaires. Notre pièce de 5 fr. en or est déjà si in-
commode à cause de sa ténuité, qu'on ne la frappe plus
guère à présent et qu'on a songé à la démonétiser ; que
serait-ce, à plus forte raison, d'une pièce de 1 fr. en or,
pesant $0^{gr},3226$, ou de 50 centimes en or ($0^{gr},1613$) : une
pellicule impalpable. Il faudrait, comme dans l'antiquité,
les colliger dans des bourses spéciales. L'argent et le cuivre
présentent des inconvénients d'un autre ordre. Notre pièce
de 5 fr. en argent, par exemple, est déjà fort lourde et
encombrante. Que serait-ce si nous n'avions plus de monnaie d'or et si les paiements élevés devaient être effectués
en argent ! D'autre part, des pièces d'argent au-dessous
de 20 centimes seraient trop petites pour n'être pas d'une
grande incommodité. Nous avons signalé les inconvénients
de la monnaie de bronze ou de fer, dans les sociétés peu
avancées où l'on a employé ces métaux comme unique ou
principal agent monétaire. Il faut ajouter que le prix du
cuivre sur le marché est soumis à des variations si
brusques et parfois d'une si grande amplitude, qu'il y aurait impossibilité de constituer avec ce métal une monnaie
droite, c.-à-d. dont la valeur nominale fût adéquate à sa
valeur intrinsèque. Bref, de toute nécessité, il faut, pour
l'ensemble du système monétaire d'une société compliquée,
des monnaies d'or, des monnaies d'argent et des monnaies
d'un métal vil. Pour cette dernière série le cuivre ou bronze

a généralement été préféré, à cause de ses qualités intrinsèques, aussi bien dans les temps modernes que dans l'antiquité, et de nombreuses monnaies romaines représentent les figures symboliques des *Trois monnaies*, tenant chacune une corne d'abondance et une balance (fig. 9). On commence aujourd'hui à remplacer le bronze par le nickel dans divers pays, tels que la Belgique, la Suisse, la Hollande, l'Amérique, l'Allemagne. Les Byzantins et surtout les Arabes Fatimites, en Égypte et en Syrie, ont eu des monnaies de verre. On a parfois aussi eu recours au cuir, au carton, au papier, bien que ces diverses matières

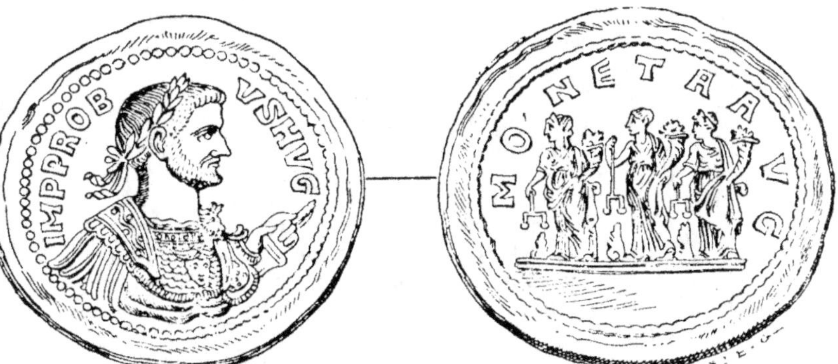

Fig. 9. — Les Trois Monnaies représentant l'or, l'argent et le bronze.
Médaillon de bronze à l'effigie de Probus.

fussent plus incommodes que les métaux. Enfin dans l'antiquité, notamment à Rome, en Gaule, à Alexandrie et à Antioche, le bronze a été remplacé par de l'argent saucé, c.-à-d. de l'argent auquel on a mélangé du cuivre ou de l'étain dans de fortes proportions : c'est ce qu'on appelle la monnaie de *potin*. Les rois de Numidie, Micipsa, Massinissa et d'autres, ont fait frapper des monnaies d'étain ; le zinc forme enfin le principal élément de la sapèque chinoise.

Quel que soit le métal dont la monnaie vile est faite, suivant les convenances locales ou accidentelles, elle est aussi indispensable que la monnaie d'or et celle d'argent. Le riche ne saurait s'en passer non plus que le pauvre, et

il en fut ainsi dans l'antiquité comme à présent, dans tout
pays. Le sauvage de l'Afrique a toujours son collier de *cauris* ; le Chinois vaque à ses affaires journalières avec son
collier de sapèques comme nous avec nos *sous*, les Anglais
avec leurs *pences*, les Allemands avec leurs *pfennings*,
les Russes avec leurs *kopeks*. Il est une foule de transactions de tous les instants qui ne sauraient se régler qu'à
l'aide de cette *menue monnaie* qui parachève les paiements effectués en or et en argent, et qu'en raison de son
rôle on qualifie d'appoint ou d'accessoire de la véritable
monnaie en métal précieux.

Or l'essence de toute monnaie d'appoint, quelle que
soit la substance dont elle est faite, est de déroger à la
règle constitutive de toute bonne monnaie, c.-à-d. de n'avoir
pas une valeur intrinsèque conforme à sa valeur légale, de
n'être pas une monnaie droite, un équivalent réel et complet. Dans chaque pays, la loi confère à ces espèces infimes
une valeur conventionnelle qui est supérieure à leur valeur métallique. Notre centime pèse 1 gr., ce qui met le
cuivre à 10 fr. le kilogramme, c.-à-d. à un taux à peu près
quatre ou cinq fois plus élevé que le prix du cuivre en
barres. Nos sous et nos doubles sous ne valent donc, en
réalité, que le quart ou le cinquième de leur valeur marchande ; aussi, jamais un faussaire ne sera tenté d'en
fabriquer.

La plus-value légale attribuée à la monnaie d'appoint
par rapport à sa valeur intrinsèque engendre, comme conséquence forcée, la restriction de son émission et de son
pouvoir libérateur, sans quoi elle aurait tous les inconvénients de la fausse monnaie et conduirait aux catastrophes
que nous avons signalées dans les pays ou circule une
monnaie avilie et dépréciée.

Un État ne saurait perdre de vue que la monnaie d'appoint n'est qu'un *auxiliaire* de la monnaie réelle en or et
en argent qui, elle, doit toujours former la base essen-
tielle du numéraire circulant. Nous savons que pour l'or
seul, dans certains pays, pour l'or et l'argent dans d'autres
contrées, chacun a la faculté de faire transformer ses lingots en espèces monnayées : il lui suffit pour cela de
s'adresser à l'usine chargée officiellement par l'État de se
tenir, à cet effet, à la disposition des particuliers. La liberté du monnayage des métaux précieux ou de l'un de

ces métaux est illimitée, parce que la monnaie qu'ils servent à fabriquer est *droite* ou censée être *droite*, et que, en principe sinon absolument et toujours en fait, lingot et monnaie c'est la même chose au point de vue de la valeur. Mais une pareille liberté ne saurait être accordée à la monnaie d'appoint sans les inconvénients les plus graves. Supposez que, chez nous, la frappe du bronze devienne libre comme celle de l'or : du moment que sa valeur légale dépasse fortement sa valeur dans le commerce, vous verriez tous les détenteurs de lingots de cuivre, tous les propriétaires des mines de ce métal s'empresser de porter leur stock à l'Hôtel des monnaies, afin de gagner la différence très appréciable qui existe, de par la loi, entre le métal monnayé et celui qui ne l'est pas. L'immense affluence de cette monnaie à valeur légale surfaite entrainerait pour elle son avilissement : nous en avons pour preuve la dépréciation de la sapèque chinoise et celle de la monnaie de billon sous l'empire romain, au IIIe siècle de notre ère : on serait inondé de ces jetons sans valeur, de cette fausse monnaie à laquelle la garantie de l'Etat ne suffirait pas à conserver la confiance du public ; les spéculateurs nous la laisseraient pour compte dans tous les paiements, faisant passer, par application de la théorie de Gresham, avec une énorme prime, tout notre or et tout notre argent à l'étranger.

Tout récemment, en France (en 1896), nous avons dû nous prémunir contre un danger de ce genre. Des spéculateurs allaient acheter à l'étranger des sous de bronze qu'ils payaient pour la valeur intrinsèque du métal, puis ils les introduisaient en France en les faisant circuler pour la valeur surfaite inscrite sur chaque pièce. Leur bénéfice atteignait jusqu'à 70 °/o. Aussi, un certain nombre de nos villes frontières, notamment Bordeaux et Marseille, se trouvèrent infestées de *sous étrangers* que le public acceptait sans sourciller, lorsque le gouvernement donna l'éveil en les refusant dans les caisses publiques. Cette affaire provoqua de petites échauffourées. En dépit du décret impérial du 11 mai 1807, et des lois douanières des 22 juin 1846, 8 mai 1881 et 11 janv. 1892 l'administration des douanes se trouvait impuissante à combattre l'infiltration en France des sous italiens, espagnols, argentins, anglais et autres, » infiltration que les conditions du change rendaient lucrative et que facilitait la tolérance croissante du public... La loi du 30 nov. 1896 a permis d'en finir avec cette regrettable invasion. Autorisant, même à l'intérieur, la saisie des sous étrangers, elle a coupé court, sur ce point, aux hésitations de la jurisprudence » (A. de Foville, *Rapport au ministre des finances*, 1897).

Ces mesures défensives sont nécessaires parce qu'elles sont dans la nature même des choses. Averties par de lamentables exemples, les sociétés modernes se protègent contre la monnaie qui n'est pas *droite;* voilà pourquoi la frappe de la monnaie d'appoint ne saurait être libre ; elle est réservée à l'Etat, et encore une loi rigoureuse s'oppose à ce que l'Etat lui-même se livre à la spéculation qu'il interdit aux particuliers : il n'a pas le droit de frapper des monnaies d'appoint en quantité illimitée et il n'en émet chaque année que pour une somme relativement faible et en rapport avec les besoins de la circulation courante. De ce chef, l'Etat français gagne encore annuellement plusieurs centaines de mille francs.

Une autre restriction nécessaire apportée à la circulation de la monnaie d'appoint, c'est celle de son pouvoir libérateur. Du moment que c'est, en fait sinon en droit, de la fausse monnaie, nul ne saurait être contraint de l'accepter en paiement : tel est le principe admis par toutes les législations modernes, et la rigueur n'en est atténuée que dans la proportion restreinte que commande l'intérêt de la circulation générale pour les petits paiements.

En France, la monnaie de bronze dont la frappe est un monopole de l'Etat, suivant la règle, n'a cours légal et forcé que jusqu'à concurrence de 4 fr. 99 : on l'appelle, pour cette raison, l'appoint de 5 fr., et nul n'est tenu d'en accepter pour une somme supérieure. Les caisses publiques ne la donnent et ne la reçoivent même qu'au-dessous de 50 cent. Quant à notre monnaie d'argent, la pièce de 5 fr. seule est restée au titre de 900 millièmes de fin, fixé par la loi de l'an XI ; toutes les pièces divisionnaires (2 fr., 1 fr. 50 cent. et 20 cent.) sont réduites au titre de 835 millièmes, et nous avons exposé plus haut les raisons qui ont dicté cette modification par laquelle toutes ces espèces sont devenues des monnaies d'appoint. Tandis qu'une pièce de 5 fr. renferme 22^{gr},500 d'argent fin, cinq pièces de 1 fr. n'en contiennent que 20^{gr},875. D'où il résulte que, quoique nous comptions toujours par *francs*, toute évaluation monétaire quelconque, le franc monnayé n'existe plus réellement, mais seulement nominalement ; l'expression de *franc* est, en fait, devenue une *unité de compte* qui, dans le rapport 15 1 2, correspondrait à la fois à la cinquième partie de la pièce de 5 fr. en argent et à 0^{gr},3226 d'or, mais qui, dans l'état présent des choses, ne correspond plus qu'à cette dernière valeur. Elle a cessé d'être représentée par la pièce sur laquelle nous continuons à graver l'inscription *un franc*. Les pièces d'argent divisionnaires n'étant plus, comme le bronze, que des monnaies d'appoint à valeur conventionnelle, leur pouvoir libérateur a dû aussi être restreint : il a été rigoureusement limité à 50 fr. pour les paiements entre particuliers, et à 100 fr. pour les paiements aux caisses publiques.

XI. LA MONNAIE FIDUCIAIRE ET REPRÉSENTATIVE. — Il existe deux autres moyens d'échange très répandus dans les sociétés modernes et que l'antiquité a connus également, mais sans leur donner une aussi large et aussi savante extension : c'est la monnaie fiduciaire et la monnaie représentative.

Chez les Grecs déjà, dans des moments de nécessité, aux heures de crise politique et financière, au milieu des embarras d'une guerre, d'un siège ou pour toute autre cause anormale, l'autorité publique s'est vue forcée d'émettre de ces monnaies fictives qu'on appelle, suivant les cas : monnaies de papier, papier-monnaie, monnaies obsidionales ou de siège, bons de siège, assignats, jetons ou tessères monétaires, etc. Le principe de cette espèce de monnaie, c'est non seulement, comme la monnaie d'appoint, qu'elle ne porte pas en elle-même sa garantie, mais qu'elle remplace nominalement la monnaie d'or et d'argent ; le gouvernement qui l'émet n'y a recours que contraint et forcé, et parce qu'il manque de véritable numéraire : en la lançant dans la circulation, il reconnaît et avoue son désarroi et sa détresse financière, mais en même temps, pour inspirer confiance au public, il prend l'engagement de rembourser en bonnes espèces sonnantes cette mauvaise monnaie de papier ou d'autre matière vile, aussitôt que la crise momentanée qu'il traverse sera conjurée et qu'il aura pu rétablir ses finances. Si le public accepte ces *bons*, c'est parce qu'il présume qu'un jour viendra où l'Etat émetteur sera en mesure de faire face à ses engagements. Le gouvernement escompte l'avenir, et le public confiant fait crédit à l'Etat dont il admet, suivant le mot populaire, que *la signature vaut de l'or*. Mais, malgré les plus belles promesses et les plus solennels engagements de l'autorité publique, la sécurité du porteur de bons ne saurait être complète, parce que le crédit de l'Etat peut être altéré et devenir une pure fiction. D'abord, du moment qu'il a plu au législateur d'émettre du papier-monnaie, il peut aussi dépendre d'une loi d'en modifier, altérer, supprimer la valeur purement nominale et légale, tandis qu'il ne dépend pas du législateur de modifier le cours d'une monnaie métallique dont la valeur intrinsèque est adéquate à sa valeur nominale. Le papier-monnaie, comme toute mauvaise monnaie, ne peut circuler que dans l'étendue du pays où il a été émis: l'étranger ne lui reconnaît qu'une valeur dépréciée et mobile, en rapport avec la confiance que lui inspire l'Etat émetteur. En outre, le crédit dont jouit le papier-monnaie est, comme pour la monnaie d'appoint, en relation directe avec la quantité de ce papier qui a été lancée dans la circulation ; si cette quantité ne paraît pas exagérée, mais normale, si le public a la conviction qu'elle ne dépasse pas les ressources financières que l'Etat sera un jour à même de se procurer, pour effectuer son remboursement, tout va bien et le papier circule sans obstacle. Mais vienne la tentation à l'Etat, gêné dans ses finances, d'émettre du papier en trop grande abondance, la défiance s'empare immédiatement du public, et cette défiance, les lois coercitives qu'on édicte pour l'enrayer ne font, au contraire, que l'accentuer, si même elles ne la font pas dégénérer en panique.

C'est là, en particulier, ce qui est arrivé pour les *assignats* émis par la Convention et le Directoire. Lorsque le public se douta que le gouvernement aux abois ne réaliserait pas sa promesse, qu'il émettait sa monnaie de papier pour des sommes fabuleuses, et surtout lorsqu'il le vit ne pas reculer devant la reconnaissance officielle de la dépréciation de sa propre monnaie, ce fut une débâcle immense, dans laquelle s'engloutirent pour longtemps la fortune de l'Etat aussi bien que celle des particuliers. « L'assignat de 5, 10 ou 20 fr. de la Révolution française, remarque Michel

Chevalier, revenait à un engagement qui aurait été ainsi conçu : *L'Etat reconnait devoir au porteur 25, ou 50, ou 100 gr. d'argent au titre de 9/10 de fin*, et en post-scriptum : *mais l'Etat se refuse absolument à payer au porteur la susdite quantité d'argent, quelque requis qu'il en puisse être.* » (V. ASSIGNAT et PAPIER-MONNAIE.)

Ainsi, la monnaie fiduciaire ne représente rien qu'une promesse plus ou moins sérieuse pour l'avenir ; il faut s'en rapporter à la bonne foi et à la sagesse du gouvernement qui l'a émise. Au contraire, la *monnaie représentative* représente et remplace effectivement soit la monnaie mé-tallique, soit une autre valeur réelle.

Du moment que la monnaie n'est pas faite pour être consommée et détruite par celui qui la possède, mais qu'elle doit circuler de main en main, il est évident qu'on peut la remplacer par un autre objet qui en tienne lieu, fabriqué à l'aide d'une matière quelconque. « On ne saurait, dit M. Ch. Gide (*Principes d'économie politique*, p. 233), remplacer du blé ou du charbon ou une richesse quel-conque par de simples feuilles de papier sur lesquelles on aurait fait graver : *100 hectolitres de blé* ou *100 quin-taux de charbon*. Ce ne sont pas ces feuilles de papier qui pourront nous nourrir et nous chauffer... Mais, dans nos sociétés civilisées, l'utilité des pièces de monnaie est tout immatérielle. Une pièce de monnaie n'est pas autre chose qu'un *bon* qui nous donne le droit de nous faire dé-livrer, sous certaines conditions, une part des richesses existantes. Or ce rôle de *bon* peut être joué par une feuille de papier aussi bien que par un morceau de métal. »

Cette appréciation convient bien à la monnaie représen-tative, et nous comprenons sous cette dénomination les billets de banque, chèques, traites, billets à ordre, lettres de change et tous les papiers, titres et instruments de crédit, qui constituent la plus grande part des signes d'échange dans le commerce moderne, puisqu'ils y cir-culent, dit-on, pour une somme supérieure à 10 milliards. Tous ces billets représentatifs, quels qu'ils soient, ne sau-raient inspirer une légitime confiance que s'ils sont réelle-ment les remplaçants d'une valeur matérielle quelconque, soit de l'or ou de l'argent, soit une valeur industrielle ou commerciale qui reste en nantissement chez le débiteur. Ils sont l'affirmation par l'émetteur, Etat, banque, maison industrielle ou commerciale, que la valeur inscrite existe réellement, et qu'on peut la réaliser en véritable monnaie, soit à tout instant, soit à une époque convenue. L'émission des billets n'est donc, au fond, qu'une forme d'emprunt ; pour que le public prête, c.-à-d. accepte les billets en retour de sa marchandise, il faut qu'il soit assuré d'être remboursé un jour ou l'autre. Les titres de crédit ne peuvent avoir une valeur que s'ils sont garantis par des capitaux réalisables. Généralement, pour les banques, ces capitaux sont en or ou en argent et s'appellent l'*encaisse*. La Banque de France, par exemple, détient, immobilisée dans ses caves, une encaisse en espèces d'or et d'argent destinée, le cas échéant, à rembourser ses billets. Au bilan de 1895, la proportion de l'encaisse, au montant de la circulation, s'élevait à 91 °/₀, c.-à-d. que 100 fr. de billets sont garantis par 91 fr. de numéraire ; ils le sont, en outre, par les créances nombreuses que la Banque possède sur l'État, sur l'industrie et sur le commerce (V. Banque et Crédit).

Dans un établissement industriel ou commercial, les sommes stipulées sur les titres ou billets, si l'on en a émis, sont garanties par des capitaux mis en réserve, par la valeur de la matière première à exploiter, par les produits de l'industrie, par les denrées ou marchandises à vendre, par le sol occupé et le matériel mis en œuvre, par le travail même des ouvriers, et c'est dans ce sens seulement qu'on peut trouver une part de vérité dans le sophisme proclamé par certains économistes et que nous nous sommes appliqué à réfuter, à savoir, qu'on peut frapper monnaie avec n'importe quoi, avec la dette publique, les terres du pays, etc. Seulement, il faut ajouter : pourvu que ce n'importe quoi ait une valeur non précaire et variable, mais bien réelle, facilement réalisable en tout temps et non susceptible d'une dépréciation. Là est le danger de la monnaie représentative ; il ne suffit pas seulement qu'elle remplace une valeur, il faut être certain que cette valeur pourra être facilement réalisée au prix que lui donne le papier. Le principe des billets de la banque de Law, comme celui des assignats de la Révolution, est parfaitement admissible ; on peut monnayer les produits du commerce ainsi que le sol cultivable lui-même. Mais il est malhonnête de le faire pour une valeur supérieure à leur valeur réelle ; il est imprudent de le faire pour cette valeur réelle elle-même, jusqu'à concurrence de son évaluation totale, car elle est sujette à une dépréciation qui rendra équivoque la stipulation des effets et qui sera d'autant plus à redouter que la demande de réalisation sera plus soudaine.

Ainsi, les principes qui règlent la monnaie représentative, quelque forme qu'elle revête, sont ceux-là mêmes qui président à l'émission de la monnaie métallique : l'une et l'autre doivent être une valeur réelle et droite ; l'unique différence qui les caractérise, c'est que la monnaie métallique doit porter en elle-même sa propre valeur, tandis que la monnaie représentative se dédouble, comme le corps et son ombre. Sa valeur réelle est mise en réserve, et seul le papier qui est délégué pour en attester l'existence, circule dans les mains du public dont il sollicite la confiance.

XII. LES SYSTÈMES MONÉTAIRES DE L'ANTIQUITÉ. — Une fois créée, la monnaie d'État, c.-à-d. la monnaie telle qu'on l'entend dans les grandes civilisations de l'antiquité classique, du moyen âge et des temps modernes, se propagea rapidement. Dès avant le vi^e siècle, tous les États helléniques baignés par la mer et ayant quelque activité commerciale faisaient frapper des monnaies d'argent, parfois d'électrum et même d'or. Seulement, chacun d'eux donna un poids spécial à ses espèces, soit qu'il appliquât à leur taille un système pondéral indigène et autochtone, soit qu'il empruntât le système pondéral usité dans ses relations commerciales avec l'extérieur et, par conséquent, apporté du dehors. Il résulta de là, pour le monde grec avant Alexandre, une grande variété de systèmes monétaires qui s'accrut encore de la nécessité où l'on se trouvait, non seulement de chercher à réaliser la mobile péréquation des trois métaux, l'or, l'électrum et l'argent, mais encore de créer des divisions qui pussent se combiner avec celles des systèmes monétaires voisins et faciliter ainsi les échanges internationaux. Si l'étude de ces systèmes multiples est compliquée et difficile, on saisit, toutefois, de quelle importance elle est pour l'histoire des affinités ethniques, des alliances politiques, des relations commerciales de ville à ville, de peuple à peuple, dans l'antiquité hellénique.

Les monnaies d'or et d'argent de Crésus, populaires chez les anciens sous le nom de *créséides*, sont taillées suivant deux systèmes différents. Il y a un statère-étalon d'or de 8gr,17, et un autre statère d'or de 10gr,89 ; l'argent n'a qu'un étalon, c'est un statère de 10gr,89. Comme le rapport de valeur entre l'or et l'électrum était de 3 : 4 ou 1 à 1 1/3, il s'ensuit que le statère d'or pur de 10gr,89 était l'équivalent exact du statère d'électrum milésien de 14gr,52 ; de son côté, le statère d'or pur de 8gr,17 était l'équivalent d'une pièce d'électrum de 10gr,89. Cette dernière étant les 2/3 du statère phocaïque en électrum de 16gr,34, il fallait par conséquent 3 statères d'or pur de 8gr,17 pour équivaloir à 2 statères d'électrum de 16gr,34. Par rapport à l'argent, le statère d'or de 10gr,89 était l'équivalent de 10 statères d'argent de 10gr,89. Deux créséides d'or de 8gr,17 équivalaient à 15 créséides d'argent de 10gr,89. Ainsi, dans le système monétaire de Crésus, l'or est à l'argent comme 1 à 13 1/3 : l'or est à l'électrum comme 1 : 1 1/3 ; l'électrum est à l'argent comme 1 : 10. Telle est, sommairement exposée, la coordination à la fois simple, pratique et savante du système monétaire de Crésus (V. ÉLECTRUM).

La darique d'or, créée par Darius, fils d'Hystaspe, pèse 8gr,41 ; elle valait 20 sicles d'argent de 5gr,60 (V. DARIQUE). Le double du sicle médique (5,60 × 2) forme 1 statère ou didrachme de 11gr,20, qui fut lui-même pièce étalon du monnayage d'un grand nombre de villes d'Asie Mineure et du reste de l'Orient avant Alexandre, c.-à-d. dans l'empire des Perses Achéménides. On trouve ce statère perse avec un poids variant de 10 à 11gr,20, à Sinope, Trapezus, Amisus et d'autres ports de la mer Noire ; dans diverses villes de Cypre et de Cilicie. Il est appliqué au monnayage des satrapes, tels que Tiribaze, Pharnabaze, Mazaios ; le commerce enfin l'a apporté, au moins temporairement, à Thasos, Eion, Neapolis et d'autres villes de la Thrace et de la Macédoine.

Dans les nombreuses cités grecques échelonnées sur les côtes de la mer Egée, nous constatons, dès les vii*-vi* siècles, un véritable enchevêtrement d'étalons monétaires. L'unité pour l'or et l'électrum avait généralement, dans le monde grec, le nom de *statère* (V. STATÈRE) : l'unité pour la monnaie d'argent porta aussi le nom de statère, mais plus ordinairement ce fut la drachme assimilée, dans certains systèmes, à l'hémi-statère d'argent (V. DRACHME) ; en

bronze, l'unité fut le *chalque* et l'*as* ou *assarion* (V. As).
Mais ces unités ont un poids différent, suivant les systèmes
auxquels elles appartiennent. La drachme attique, éginétique, rhodienne, ptolémaïque et vingt autres ne se ressemblent ni pour le poids, ni pour les types, ni pour la
valeur. « Chaque cité grecque a ses monnaies qu'elle taille
et règle à sa guise, agissant à ce point de vue avec une
indépendance absolue, dans l'isolement de sa propre souveraineté et sans s'inquiéter de ce que font ses plus proches
voisins. Il en résulte, surtout jusqu'au temps d'Alexandre,
une variété presque indéfinie d'étalons et de coupes monétaires, où l'on peut bien discerner un certain nombre de
grandes familles de systèmes d'unités, dont l'origine s'explique historiquement, mais où chaque cité modifie l'étalon d'une manière assez sensible pour avoir produit des
différences dont il fallait tenir compte dans les opérations
de négoce et dans le change des espèces d'une place sur
l'autre. Outre ces petites variations qui existent partout
jusque dans les diverses applications locales d'un même
système monétaire par les diverses cités rivales, il arrive
à chaque instant que, dans le même pays, deux cités très
voisines ont adopté des systèmes absolument différents qui
ne rendent pas les valeurs de leurs monnaies respectives
naturellement commensurables et ne permettent d'établir
entre elles que des rapports exprimés par des nombres
fractionnaires qui devaient rendre les calculs extrêmement
compliqués. Cette variété des monnaies et les complications
presque inextricables qu'elle produisait, constituaient une
grande gêne pour les opérations commerciales. Le besoin
d'échanger les monnaies étrangères contre celles du pays,
dès qu'on y arrivait pour commercer, et le bénéfice que
donnait naturellement ce change à celui qui se chargeait de
l'opérer, furent la première origine de l'industrie des tra-
pézites ou banquiers. » (F. Lenormant, *la Monnaie dans
l'antiquité*, t. II, p. 54.)

Le statère primitif de Samos, en électrum, pèse 17^{gr},50 :
nous le retrouvons dans l'île d'Eubée dont les relations
commerciales et politiques avec Samos sont avérées dès
le viiie siècle. Le statère d'électrum de Phocée pèse de
16^{gr},60 à 16^{gr},20, et le même étalon est appliqué à la
taille des espèces primitives de Téos, Lesbos, Smyrne,
Cyzique (V. Cyzicène), Lampsaque et des colonies pho-

céennes les plus lointaines, comme Massilia. Il en est de
même pour Milet dont le statère d'électrum pèse 14^{gr},40 ;
des relations de commerce l'ont fait adopter à Éphèse,
Chios, Abdère de Thrace, ainsi que dans les colonies milé-
siennes de la mer Noire.

Les plus anciennes monnaies d'argent d'Égine, qu'à
cause de leur type on appelait χελῶναι, *tortues*, pèsent
12^{gr},60 et 6^{gr},30, sont le point de départ d'un étalon qui fut
appliqué à la taille des monnaies primitives de la plupart
des villes du Péloponnèse, de la Crète et des Cyclades, de
la Thessalie, de la Béotie, de Corcyre et de Corinthe
(V. ÉGINE). Cet étalon franchit les mers grecques pour
atteindre les colonies chalcidiennes de l'Italie et de la Sicile,
tandis qu'une seconde route maritime la portait à Cnide, à
Celenderis et dans d'autres villes asiatiques.

De l'île d'Eubée ou nous trouvons, à l'origine, le même
système qu'à Samos, se propage le système dit *euboïque*
dont le tétradrachme est d'environ 17^{gr},50 et la drachme
de 4^{gr},38. Ce système se répand en particulier dans les
villes de la Chalcidique ; il se substitue au système éginétique à Rhegium en Italie, à Himeria, Zancle, Naxos, en
Sicile (V. EUBÉE).

A Athènes, on compta, jusqu'au temps de Solon, suivant
le système éginétique : mais Solon introduisit pour la taille
des *chouettes* (γλαῦκες), ainsi appelées populairement à
cause de leur type, l'étalon euboïque un peu affaibli, avec
un tétradrachme de 17^{gr},20 et un drachme de 4^{gr},30
(V. ATHÈNES). L'opération de Solon consista à déclarer
que toutes les dettes des Athéniens, contractées en monnaies du système éginétique, seraient payées en monnaies
du système euboïque, celles-ci livrées en nombre égal aux
premières, sans tenir compte de la différence des poids.
Un individu qui devait, par exemple, 100 drachmes éginé-
tiques avait le pouvoir de se libérer en payant 100 drachmes
euboïques ou euboïco-attiques, bien que ces dernières ne
fussent en réalité que l'équivalent de 73 drachmes éginé-
tiques. Solon décrétait donc, en fait, que les dettes de chacun seraient réduites de 27 $^o/_o$. C'était une demi-banque-
route qui rappelle certains procédés de Philippe le Bel ; les
gouvernements modernes atteignent au même résultat, plus
honnêtement peut-être, à l'aide de ce qu'on appelle la
conversion de la rente.

Après avoir eu, un instant, le système éginétique, Corinthe et ses colonies adoptèrent aussi le système euboïque qui se trouva ainsi, avec un léger affaiblissement pondéral, être la souche de deux rameaux : le système attique et le système corinthien. La différence fondamentale qui les caractérise est celle-ci : tandis que le statère attique (didrachme) de $8^{gr},60$ est divisé en deux drachmes de $4^{gr},30$, le statère corinthien de $8^{gr},60$ est divisé en trois drachmes de $2^{gr},87$. Or, la drachme corinthienne de $2^{gr},87$ était l'équivalent de l'hémi-drachme éginétique et pouvait s'échanger avec elle dans les marchés internationaux : on saisit par là comment le commerce de ville à ville s'ingéniait à harmoniser entre eux les divers systèmes de la taille des monnaies grecques, qui, se pénétrant mutuellement, pour ainsi dire, remédiaient aux obstacles que leur multiplicité aurait pu engendrer dans le règlement des comptes avec l'étranger. Nous citerons, comme autre exemple, les monnaies de Delphes. Dans des comptes religieux récemment découverts dans les fouilles de l'École française, la mine est divisée non plus, suivant l'usage ordinaire, en 50 statères ou 100 drachmes, mais en 35 statères ou 70 drachmes. Ce fait s'explique par la nécessité où l'on se trouvait de mettre en harmonie les divisions du système euboïque avec celles du système éginétique, parce que ces systèmes étaient, en majorité, ceux des monnaies apportées par les pèlerins. Les monnaies de compte, c.-à-d. la mine et le talent, furent supputées suivant le système euboïque-attique, tandis que les monnaies réelles, drachmes et statères, furent taillées suivant le système éginétique. Ce compromis facilitait les comptes qu'on était forcé d'établir avec des pièces taillées sur deux étalons différents.

En Italie et en Sicile, les premières monnaies, celles des colonies chalcidiennes, Naxos, Zancle, Himera, Cumes, Rhegium, à la fin du viie siècle, suivent l'étalon éginétique affaibli, avec une drachme qui n'excède pas $5^{gr},82$. Au milieu du vi^e siècle, les colonies doriennes, Syracuse, Géla, Agrigente, etc.. commencent à battre monnaie à leur tour, mais suivant le système attique qui bientôt prévaut dans toute l'île, à tel point que les colonies chalcidiennes abandonnent elles-mêmes l'étalon éginétique pour adopter l'attique, dès le début du ve siècle. En même temps, d'autres villes comme Abacaenum, Enna, Galaria, Morgantia, etc., frappent des monnaies taillées suivant un système pondéral autochtone qui avait pour base la *litra* de 0ᵍʳ,88. Comme la litra sicilienne se trouvait correspondre exactement au cinquième de la drachme attique, les colonies grecques de Sicile introduisirent sans difficulté, dans leur propre monnayage, des pièces de 0ᵍʳ,88 ; ces monnaies additionnelles facilitaient leurs relations avec les indigènes.

En Italie, les colonies achéennes de Caulonia, Crotone, Métaponte, Sybaris, Pandosia, Laus suivent l'étalon corinthien, avec un statère de 8ᵍʳ,46 ; il en est de même de Tarente, colonie de Lacédémone ; les Corinthiens étaient aux viiᵉ-viᵉ siècles les maîtres du commerce de la Grèce avec l'Italie.

Les Phocéens apportèrent d'Asie dans le bassin occidental de la Méditerranée leur drachme de 3ᵍʳ,82 et leur statère de 7ᵍʳ,64 que nous trouvons dans leurs colonies de Vélia et de Massilia. Le même étalon est transmis, par les relations d'affaires, à Posidonia, Capoue, Cumes, Néapolis, Calès ; seulement, dans ces villes, il devient l'étalon campanien, parce qu'à la série des pièces de l'étalon phocéen on ajoute, comme en Sicile, de nouvelles divisions qui ont le poids de la litra italiote ou de ses divisions : on a ainsi, pour faciliter les relations commerciales des indigènes avec les colonies grecques, des monnaies qui pèsent 2 *litra* (1ᵍʳ,81) ; une *litra* (0ᵍʳ,90) ; une *hémi-litra* (0ᵍʳ,45). Plus tard enfin, ces mêmes villes modifient leurs systèmes monétaires suivant la variation de valeur des métaux précieux, ou selon que leur commerce prend une direction nouvelle les mettant en rapports suivis avec des villes qui ont un système différent.

Pour les mêmes nécessités de relations extérieures ou de rectifications dans le rapport des métaux monétaires, les monnaies étrusques présentent, au point de vue de leur taille, plusieurs systèmes parallèles qui sont dérivés, les uns du système pondéral autochtone, les autres des systèmes grecs. On y trouve, en particulier pour l'argent, l'étalon euboïco-syracusain avec un tétradrachme de 16ᵍʳ,80 et une drachme de 4ᵍʳ,20, et l'étalon asiatique avec son statère de 11ᵍʳ,20. Parmi les monnaies frappées suivant les systèmes indigènes, il en est, en or, qui sont marquées du chiffre 50 et pèsent 2ᵍʳ,85 ; d'autres, marquées 25, pèsent 1ᵍʳ,42 ; celles qui ont la marque 12 1 2 pèsent 0ᵍʳ,71 ; enfin celles qui portent la marque 16 pèsent 0ᵍʳ,58.

Quand Philippe, père d'Alexandre, fut parvenu au trône de Macédoine, il adopta pour sa monnaie d'or le système euboïco-attique ; son statère d'or pèse 8ᵍʳ,60. Mais pour sa monnaie d'argent, il la tailla suivant le système milésien dont il porta le statère à 14ᵍʳ,50 en le considérant comme un tétradrachme ; la drachme d'argent de Philippe pèse par conséquent 3ᵍʳ,62.

Alexandre le Grand donne à son statère d'or le poids euboïco-attique de 8ᵍʳ,60 ; sur cet étalon, il frappe les divisions suivantes :

	gr.		gr.
Distatère d'or....	17,20	1 4 de statère d'or.	2,15
Statère d'or......	8,60	1 8 de statère d'or.	1,08
Hémi-statère d'or.	4,30		

Sa monnaie d'argent suit aussi le système attique : le tétradrachme pèse 17ᵍʳ,20 et la drachme 4ᵍʳ,30. On frappa ces pièces dans toute l'étendue de l'empire macédonien, en Asie aussi bien qu'en Europe, et telle fut leur popularité que deux siècles après la mort du conquérant un grand nombre d'ateliers en continuaient l'émission. En même temps les rois successeurs d'Alexandre en Macédoine, en Thrace, en Syrie, en Bactriane, en Égypte, frappèrent aussi monnaie à leur effigie, dans le système attique qui continua à régner en maître sur la plus grande partie du monde hellénique. Pourtant, quelques contrées comme l'Égypte, les villes de la côte de Phénicie, telles que Tyr et Sidon, et Carthage en Afrique, restèrent fidèles à leurs vieilles traditions nationales et frappèrent, à côté des monnaies qui suivent l'étalon attique, des pièces de poids dit ptolémaïque, dont l'étalon est une drachme de 3ᵍʳ,60 ; le didrachme pèse normalement 7ᵍʳ,20 et le tétradrachme 14ᵍʳ,40. Quoi qu'il en soit, on peut dire qu'après Alexandre le système attique domine presque universellement en Orient et en Grèce jusqu'à l'arrivée des Romains. Seulement, comme tous les systèmes, il a, à travers les âges, une tendance à l'avilissement, et l'on dirait qu'à chaque émission la drachme étalon diminue de poids d'une manière presque insensible, mais cependant effective. Si le tétradrachme attique pèse 17ᵍʳ,20, partout, au temps d'Alexandre, nous le voyons réduit successivement à 17 gr., 16gr,90, 16gr,65, 15gr,50 et moins encore au commencement du siècle qui précède notre ère.

La drachme attique ne contient guère que 1 60e d'alliage, ayant environ 4gr,25 d'argent fin. Elle valait, par suite, à peu près 94 ou 95 cent. de notre monnaie actuelle. Vers le temps de l'arrivée des Romains en Grèce, la drachme attique avait perdu de son poids et de sa pureté métallique au point de peser moins de 4 gr. et de valoir à peine intrinsèquement 75 cent.

Les monnaies de bronze n'ayant eu, sauf dans les origines et dans certains pays comme l'Egypte, l'Etrurie, l'Italie centrale et Olbia, que le rôle de monnaies d'appoint, étaient frappées dans l'antiquité d'une manière irrégulière et suivant des systèmes locaux qui varient à l'infini. On ne s'en servait pas pour les échanges avec l'étranger, et leur circulation purement locale pouvait s'accommoder de cette irrégularité et de cette diversité de frappe et de poids. Sous ces réserves expresses, on peut dire que le chalque du système attique, au temps d'Alexandre, pèse environ 8gr,60 ; l'obole athénienne d'argent valait 8 chalques.

En dehors des civilisations primitives, comme celles de l'Etrurie et de l'Italie centrale, qui, ne connaissant encore que le cuivre, ont monnayé dans ce métal les énormes disques ou tuiles dont nous avons déjà parlé, on ne trouve des pièces de cuivre dépassant le poids de 25 ou 30 gr. que dans l'Egypte des Lagides, à Carthage et dans l'île de Lipari. L'Egypte frappe, sous les Ptolémées, d'énormes disques de bronze qui atteignent le poids du dodécachalque attique de 103gr,20 ; à Carthage, on a quelques bronzes analogues et du même temps pesant 120 et même 130 gr.

Le système romain pour la monnaie d'argent reposait sur le denier, qui fut frappé, pour la première fois, dans l'atelier de Rome en l'an 269 av. J.-C.; il fut taillé sur le pied de 1 72 de la livre romaine et pesa 4gr,55 ; ses divisions furent le quinaire ou demi-denier, et le sesterce ou demi-quinaire. Nous en avons raconté ailleurs l'histoire et les transformations (V. ANTONINIANUS et DENIER).

Les premières monnaies d'or frappées à Rome l'ont été par Sylla en l'an 81 avant notre ère. Ce sont des *aurei*, qui pèsent les uns 10gr,915 et valaient 1 30 de la livre, les autres 9gr,10 et valaient 1 36 de la livre. Trois *aurei*

de 10^{gr},915 valaient 400 sesterces, et 9 *aurei* de 9^{gr},40
valaient 1.000 sesterces. Jusqu'au triomphe de Jules César
sur Pompée, la monnaie d'or fut exceptionnelle à Rome, et
le denier d'argent resta le seul étalon. Mais vers la fin de
sa dictature, Jules César créa une monnaie d'or fixe de
poids et de valeur, l'*aureus*, qui fut le 1 40 de la livre et
pesa 8^{gr},186. On frappa aussi des quinaires ou demi-
aurei. Cette belle monnaie d'or fut légèrement modifiée
sous Auguste qui fit descendre l'*aureus* au poids de 7^{gr},80,
c.-à-d. à 1 42 de la livre. L'*aureus* demeura fixe dans
sa taille jusque sous le règne de Néron qui l'abaissa jusqu'à
7^{gr},60, puis 7^{gr},40 ; Pline dit même que Néron, en même
temps qu'il affaiblit le denier d'argent, réduisit la taille de
l'*aureus* à 1 45 de livre ou 7^{gr},28. Il fallut alors 900 deniers d'argent pour acheter une livre d'or. On constate
ensuite, dans le poids de la pièce d'or, des vacillations
provoquées par l'incertitude du rapport de valeur entre
les deux métaux.

Dans le monnayage romain, à partir du IIIe siècle de
notre ère, l'or est la seule monnaie *réelle*; le denier d'argent n'est plus que du billon déprécié, contenant souvent
à peine 3 °/₀ de métal fin. L'or, au contraire, seul métal
étalon, fut toujours d'une grande pureté métallique, seulement son poids devint extrêmement variable. Sous Caracalla, ce poids fut réduit à 6^{gr},55 ou à 1 50 de la livre,
mais les pesées effectives sont tantôt au-dessus, tantôt au-
dessous de la légalité. On aboutissait donc virtuellement à
la démonétisation de l'or. « La monnaie d'or, dit M. Mommsen, cessa d'être considérée comme monnaie ; les pièces
n'étaient plus regardées que comme des fragments de lingots estampillés à l'effigie impériale et ne pouvaient être
acceptées dans le commerce que la balance à la main. »

Dioclétien puis Constantin le Grand voulurent remédier
à ce désordre. Dioclétien rétablit une bonne monnaie d'argent; en 312, Constantin publia un édit fixant la taille de
l'*aureus* à 1 72 de la livre ou 4^{gr},55, et ce poids demeura
le poids normal de la pièce d'or principale jusqu'à la chute
de l'empire byzantin. Néanmoins, le poids effectif fut toujours plus ou moins régulier. Cette pièce d'or créée par
Constantin prit le nom de sou d'or (*solidus aureus*); ses divisions furent le demi-sou d'or de 2^{gr},27 (*semissis* ou *semis*)
et le tiers de sou d'or ou *tremissis, triens*, de 1^{gr},52.

Le denier d'argent de Constantin, taillé comme l'or, à raison de 72 a la livre, pesa normalement 4gr.55 ; on lui donna le nom de *miliarense* (d'ou *millarès*), parce qu'il valait un millième de la livre d'or ; le demi-millarès s'appelait *silique*, en grec κεράτιον (V. DENIER).

Quant à la monnaie d'appoint ou de cuivre, sous l'empire romain, son irrégularité est telle, au point de vue du poids et du module, que les numismates ont renoncé a qualifier les espèces de leur nom originel et scientifique et ils les désignent vaguement sous les appellations de grands, moyens et petits bronzes. « Les expressions empiriques de *grand bronze, moyen bronze* et *petit bronze*, dit H. Cohen, non seulement ont universellement prévalu, mais, dans l'extrême incertitude ou nous sommes de la véritable valeur des monnaies de bronze sous l'empire romain, ces expressions, qui n'ont rien de scientifique ni de réel, sont cependant les seules qui satisfassent à tous les besoins de la numismatique romaine. Souvent un moyen bronze est plus grand qu'un grand bronze, et un grand bronze plus grand qu'un medaillon. La distinction entre ces modules, fondée sur le plus ou moins de relief, d'épaisseur du flan, de grosseur de la tête, n'est donc qu'une affaire de sentiment ; mais il est bien rare que, la-dessus, les numismates ne soient pas d'accord entre eux. » (H. Cohen, *Descript. hist. des monnaies frappées sous l'empire romain*, t. I, Introd., p. XIV.)

En général, on peut dire que les pièces appelées grands bronzes étaient pour les Romains des sesterces de bronze, les moyens bronzes correspondent aux *as* et aux *dupondii;* les petits bronzes englobent les *semis* et les *quadrans.* A partir de Caracalla, par suite de l'altération profonde du titre des monnaies d'argent qui finissent par se confondre avec les petits bronzes, on ne frappe plus, en fait de monnaies de bronze, que des grands et des moyens bronzes, c.-à-d. des sesterces, des dupondii et des as. De plus, le sesterce de bronze qui pesait théoriquement une once, depuis Auguste, arrive à ne plus peser qu'une demi-once ou même un tiers d'once. La pièce d'une once qu'on frappa à partir du règne de Trébonien Galle est un bronze de grand module dont le nom officiel était quinaire de bronze ; la pièce, moins grande, d'une demi-once, fut aussi un multiple du sesterce de bronze.

Sous Dioclétien, on voit apparaître comme monnaie d'appoint, des pièces de billon très bas, qui n'ont que 1,50 % d'argent, contre 98,50 °/₀ de cuivre, zinc et étain. Ces pièces sont de deux espèces : l'une, qui pèse environ 10 gr., est marquée du chiffre XXI ($=$ 21 sesterces), et l'autre pèse 2ᵍʳ,50. La première est la *pecunia major* ou *majorina*, et la seconde est le *nummus centenionalis* ou sesterce de bas billon. Il fallait 756 de ces *nummi* pour équivaloir à un *aureus*; dans l'édit de *maximum* de Dioclétien, 25 de ces pièces représentent le salaire d'une journée de terrassier. Après Constantin, enfin, les pièces de cuivre sont le *follis* et le *demi-follis*, terme qui, passé aux Byzantins, a donné par la suite naissance au *fels* (pluriel *felous*) des Arabes.

XIII. CARACTÈRE GÉNÉRAL DES MONNAIES DE L'ANTIQUITÉ. — De l'exposé que nous avons fait des origines de la monnaie d'État, il résulte que le droit de monnayage dans les civilisations avancées est nécessairement un attribut exclusif de la souveraineté. Dans les États où le pouvoir était exercé par un souverain, roi ou empereur, le caractère de la monnaie exigeait que son titre, son poids et son aloi fussent garantis par l'emblème, voire même par le nom et l'effigie du prince. Dans les pays à constitution républicaine, ce qui était le cas pour la plupart des villes du monde hellénique, la monnaie était frappée au nom du peuple, revêtue des emblèmes ou armoiries de l'État, et signée du nom des magistrats chargés de surveiller la fabrication. L'application de ces principes généraux dans le monde grec nous montre, parfois, les deux espèces de monnaies, celle des rois et celle des villes, coexistant dans le même pays, c.-à-d. que les droits de monnayage se trouvaient décentralisés et partagés entre le prince et les cités de son royaume. Dans l'empire des Perses Achéménides, par exemple, le grand Roi émet des monnaies d'or et d'argent, sans que, pour cela, il interdit le droit de battre monnaie aux villes helléniques soumises à son joug. Lui seul frappe la monnaie d'or; mais toutes les villes grecques qui lui payent tribut émettent des pièces d'argent en concurrence avec les siennes; ses satrapes, ainsi que les dynastes tributaires, usent du même droit de monnayer l'argent et le bronze; ils placent même parfois, sur leurs espèces, leur propre effigie, sans exciter l'ombrage du grand Roi.

Alexandre le Grand, devenu maître de la plus grande partie du monde grec, fit comme le roi de Perse avant lui : il créa sa monnaie d'or et d'argent, sans supprimer les droits monétaires des villes qui continuèrent à émettre des pièces autonomes d'argent et de bronze. Les rois successeurs d'Alexandre émirent aussi des monnaies d'argent et d'or à leur nom, leurs types, leur effigie, dans divers ateliers de leurs possessions, en même temps que les villes continuaient à exercer la frappe de leur monnaie municipale.

A l'origine, les types monétaires, qui sont à la fois la garantie et l'ornement des espèces circulantes, varient peu dans un même atelier et ils ont presque toujours un caractère religieux ; quelquefois, ils sont un emblème parlant du nom des villes ou de l'objet principal de leur commerce. C'est la tortue à Egine ; le thon à Cyzique ; le phoque à Phocée ; le gland de chêne à Orchomène ; le bouclier béotien à Thèbes ; la tête de lion à Milet et à Samos ; le Pégase à Corinthe ; la vache à Corcyre ; l'épi de blé à Métaponte ; le griffon à Téos et à Abdère, le silphium en Cyrénaïque ; la pomme (μῆλον) à Mélos ; la grenade (σίδη) à Sidé ; la feuille de persil (σέλινον) à Sélinonte ; la rose (ῥόδον) à Rhodes ; les dauphins (δελφῖνες) à Delphes ; le jeune Taras, fils de Poseidon, à Tarente, etc.

Dès le ve siècle, avec le développement de l'art, les types monétaires se multiplient et, dans la plupart des villes grecques, ils varient à chaque nouvelle émission. Nos monnaies modernes sont fixées pour une longue période d'années dans des types de convention qui ne changent guère : les mêmes emblèmes et les mêmes légendes se perpétuent aussi longtemps que dure un régime politique : on modifie seulement le millésime et les *différents* monétaires. Tout autres étaient les usages de l'antiquité qui, presque partout, a fait de sa monnaie, non seulement un instrument pour les échanges, mais en même temps une médaille commémorative destinée à fixer dans la mémoire des peuples leurs traditions anciennes, leurs œuvres d'art ou le souvenir des événements heureux de leurs annales. De là, des changements incessants, une prodigieuse variété de types qui s'accroît encore par la multiplicité des ateliers et par l'imperfection matérielle de l'outillage qui ne permettait pas de frapper un très grand nombre de pièces avec les mêmes matrices.

Pour le monde grec seulement, nous connaissons cinq ou six cents rois ou dynastes, et près de quatorze cents villes qui ont frappé monnaie dans ces conditions d'inépuisable fécondité et de renouvellement continu, et les produits d'un grand nombre de ces ateliers s'échelonnent chronologiquement depuis le vii° siècle avant notre ère jusqu'au iii° après J.-C. Une ville comme Éphèse, pour citer un exemple, frappe monnaie durant l'espace de huit siècles et produit plusieurs centaines de types monétaires différents qui nous permettent de suivre pas à pas l'histoire de l'art dans cette ville, de voir, comme en une galerie de tableaux, l'imposante théorie des dieux et des héros honorés dans la capitale de l'Ionie, l'interprétation des légendes locales, les différentes phases de l'histoire politique et économique de cette région de l'Asie Mineure; nous y relevons enfin, comme signataires de la monnaie, les noms des prytanes éponymes de la ville, avec la date de leurs fonctions. Dans d'autres villes, au lieu des prytanes, les monnaies nous fournissent les noms de magistrats d'ordres divers : ici, ce sont des fonctionnaires administratifs, l'archonte, le stratège, le prytane, le boularque, le nomothète, l'éphore, les duumvirs ; là, ce sont des contrôleurs financiers, le tamias, l'épimélète, l'étésamène ; ailleurs, c'est l'agonothète ou président des jeux publics, le gymnasiarque, le théologos ou interprète des oracles, le néocore préposé à l'entretien des temples, l'hiéromnémon ; les propoloi et les amphictions à Delphes ; l'archiatre ou chef des médecins à Héraclée d'Ionie. Il y a même des villes, comme Byzance, Pergame, Laodicée, où les monnaies nous apprennent que les femmes pouvaient être investies des plus hautes fonctions publiques. Qu'on juge, par là, des ressources qu'offrent les monnaies anciennes pour l'histoire politique ou administrative, l'économie politique, la philologie, la géographie comparée, l'épigraphie, l'iconographie, la chronologie, l'histoire de l'art !

La mythologie n'a pas de plus nombreux et plus utiles interprètes que les types monétaires de chaque contrée. Quant aux événements historiques confirmés ou éclairés par les types et les légendes monétaires, chaque ville pourrait

aussi en fournir des exemples. N'est-il pas curieux de voir
Thémistocle frapper monnaie dans l'une des villes que le
roi de Perse lui avait données en toute souveraineté pour
le récompenser d'avoir déserté la cause de la Grèce? N'est-
il pas intéressant de posséder des pièces d'or frappées à
Éphèse, à Athènes et chez les insurgés italiotes de la
guerre sociale en 87 avant J.-C. avec le métal que Mithri-
date avait envoyé chez ces peuples divers pour les inciter
à se soulever avec lui contre Rome? Agathocle fait graver
sur ses espèces le trophée commémoratif de ses succès sur
les Carthaginois. Antigone Gonatas place au revers de ses
tétradrachmes un type qui représente le dieu Pan élevant
un trophée d'armes gauloises pour célébrer son triomphe
sur les Gaulois sous les murs de Delphes et rappeler la
terreur *panique* qu'il leur inspira. Démétrius Poliorcète
ayant vaincu la flotte d'Antigone en 306 fit ériger, à Sa-
mothrace, un monument de son triomphe, représentant une
Victoire sur une proue de navire. Ce monument célèbre,
aujourd'hui au musée du Louvre, se trouve figuré au revers
de magnifiques tétradrachmes que Démétrius fit frapper à
la même époque. La ville de Locres symbolise sa soumis-
sion volontaire aux Romains en faisant frapper des monnaies qui représentent la fidélité couronnant la statue de
la déesse Rome. Sur les deniers d'argent des insurgés de
la guerre sociale, on voit les délégués des différents peuples
révoltés contre la tyrannie romaine prêter serment sur
le cadavre d'un porc immolé dans cette circonstance solen-
nelle.

Les œuvres d'art les plus célèbres d'un Calamis, d'un
Myron, d'un Phidias, d'un Polyclète ou d'un Praxitèle se
retrouvent reproduites sur les monnaies avec tous les détails de leurs attributs. Les temples, les édifices publics
de l'antiquité nous sont enfin connus souvent par les
images monétaires mieux que par leurs ruines ou le récit
des historiens. Les signatures d'artistes relevées sur un
certain nombre de monnaies du IV° siècle nous permettent
de soulever un coin du voile de la vie si obscure de ces
graveurs de génie, en nous montrant les plus renommés
d'entre eux concourant à l'envi pour les mêmes sujets,
comme si un thème officiel leur eût été imposé d'avance;
ou bien appelés parfois loin de leur patrie par des villes
diverses qui se disputent leur talent et sollicitent leur

burin. De Syracuse, par exemple, le graveur Événète
passe à Catane, à Camarina, à Rhégium; Proclès travaille
pour Catane et Naxos; Aristomène grave des coins pour
Métaponte et Héraclée; parfois même, deux artistes col-
laborent à la gravure de la même pièce. Bref, en rapprochant dans nos médailliers ces joyaux sans prix, qui
portent les signatures des Cimon, des Événète, des Eucleidas, des Eumène, des Phrygillos, des Exakestidas et
de trente autres, il nous est loisible de comparer et dis-
cuter leur manière, leur style, leur mérite réciproque,
en un mot, comme nous jugeons les œuvres que nos artistes
contemporains exposent dans nos Salons annuels.

Les deniers d'argent de la République romaine portent,
outre le nom de Rome, celui des triumvirs monétaires qui
étaient chargés de la haute surveillance des ateliers et de la
garantie des espèces émises. Ces magistrats étaient libres
de choisir des types à leur convenance pour les faire graver sur les pièces dont ils avaient à contrôler la frappe.
Tantôt ils rappellent des traits honorables de la vie de
leurs ancêtres, tantôt des légendes chères aux Romains,
tantôt ils se bornent à de simples types parlants, comme
les *Muses* sur les deniers signés par L. Pomponius *Musa*,
un *veau* sur ceux de Voconius *Vitulus*, un masque de
Pan sur ceux de Vibius *Pansa*. La diversité des types
est non moins grande à Rome qu'en Grèce, et les *symboles*
ou *différents monétaires* qui caractérisent chaque émission varient à l'infini. Pour en citer un exemple, plus de
10.000 symboles différents ont été relevés sur les deniers
que le triumvir monétaire Lucius Calpurnius Piso fit frapper dans une seule année, en 89 avant notre ère, et ses
deux collègues dans les mêmes fonctions, cette année-là,
n'ont pas fait graver un moins grand nombre de coins.

A partir de Sylla et surtout de Jules César, la monnaie
d'État de la république se transforme graduellement en
monnaie impériale par l'introduction des types iconogra-
phiques qui représentent les chefs militaires de l'époque.
Après l'an 27 av. J.-C. toutes les monnaies romaines furent
frappées au nom d'Auguste et la plupart d'entre elles portent son effigie. Le droit d'effigie est si bien inhérent à la
dignité impériale que, dès qu'un général insurgé usurpe
la pourpre, sa première préoccupation est de faire frapper
des monnaies avec son nom et son portrait. Les empereurs

étendirent même le privilège d'effigie à leurs femmes et aux
autres membres de leurs familles. Sans ces portraits monétaires, comment aurait-on pu donner des noms aux sta-
tues de nos musées ? Et quant aux revers, ils constituent,
par leur variété et leur précision chronologique, les archives
officielles de l'histoire. Un règne comme celui d'Hadrien,
par exemple, ne compte pas moins de 2.000 revers monétaires différents qui se répartissent en 1.600 pièces latines
et 900 pièces grecques. Pour Auguste, on a environ 550 revers ; pour Néron, il en existe à peu près 300 ; pour Ves-
pasien, 520 ; pour Marc-Aurèle, 850, etc. C'est donc une
galerie de plusieurs milliers de tableaux en miniature qui
déroulent à nos regards les événements du règne, nous ini-
tient à la vie publique de chaque empereur, nous le font
suivre, étape par étape, dans ses expéditions et ses voyages,
complètent le récit des historiens, le rectifient au besoin
ou nous aident à le mieux comprendre.

En l'an 16 ou 15 de notre ère eut lieu un partage des
droits monétaires entre l'empereur et le Sénat. L'empereur se réserva le droit exclusif du monnayage de l'or et
de l'argent, et il laissa au Sénat le droit de frapper la monnaie de bronze ; de là vient que toutes les monnaies de
bronze romaines portent les lettres S. C. (*senatus con-
sulto*) qui leur donnaient cours légal dans tout l'empire,
en concurrence avec les monnaies locales.

Sous l'empire romain, le monnayage provincial en argent devint de plus en plus rare, parce qu'il faisait concurrence aux deniers impériaux. Seuls, les rois tributaires
de Rome, comme ceux d'Édesse et de Maurétanie, obtien-
nent le privilège de frapper des pièces d'argent que réus-
sissent aussi à conserver quelques villes comme Tyr, Laodicée, Chios. Au contraire, les villes de l'empire romain
qui continuent à frapper le bronze sont extrêmement nombreuses. Sur ces pièces, on voit d'un côté l'effigie de l'empereur régnant, et, de l'autre, des types variables choisis par
les magistrats locaux qui, souvent, comme au temps de
l'autonomie, inscrivent leur nom au revers. L'appellation
d'*impériales grecques* désigne les monnaies de cette espèce
qui portent des légendes grecques ; les colonies de droit latin frappent des bronzes du même genre mais à légendes
latines, qu'on classe sous le nom de monnaies *coloniales*.
Souvent sur ces pièces des colonies de droit latin, une for-

mule spéciale indique que le droit de monnayage est une concession faite à la colonie par l'empereur ou le proconsul.

Sous Aurélien, la fabrication des *impériales grecques* et des *coloniales* cessa dans toute l'étendue de l'empire romain. Il n'y eut plus dès lors que la monnaie du prince frappée dans un petit nombre d'ateliers impériaux et sans nom de ville ou de magistrats locaux : cet état de choses, conséquence forcée de l'avilissement du titre des espèces d'argent, dura jusqu'à la chute de l'empire.

XIV. Époque mérovingienne et carolingienne. — Le sou d'or, le semis, le triens, frappés à partir de Constantin, ne tardèrent pas à être universellement répandus et populaires, non seulement dans toute l'étendue de l'empire romain, mais chez les barbares de la Germanie, en Orient, en Afrique, et, en général, chez tous les peuples qui commerçaient avec les Romains. De là vint que les premières monnaies d'or frappées par les barbares devenus les maîtres de l'empire furent des sous, des semis et des triens imités des monnaies romaines et conservant le type impérial et le poids qui les accréditaient dans les relations commerciales.

Dans le désordre monétaire de la période mérovingienne dont nous avons, plus haut, caractérisé les causes, on frappe presque exclusivement des triens ou tiers de sou, en or plus ou moins altéré, et dont les types ou l'aspect général rappellent toujours les anciens triens impériaux. Tout le monnayage mérovingien n'est que la dégénérescence grossière de la monnaie impériale, avec des noms nouveaux de rois barbares, de monétaires et d'ateliers substitués au nom de l'empereur. A l'époque contemporaine, le numéraire des Anglo-Saxons, des Burgondes, des Wisigoths, des Vandales, des Lombards et des empereurs byzantins, accuse avec non moins d'évidence la persistance des types créés durant la période constantinienne.

Aux ve et vi^e siècles, la frappe de l'argent est excessivement rare. A la vérité, dans les lois salique et ripuaire, les comptes s'expriment en *sous* d'or et en *deniers* d'argent : le sou vaut quarante deniers. Mais tandis que ce sou est la monnaie d'or qu'on continuait toujours à frapper, le denier dont il s'agit dans ces lois n'est autre que l'ancien denier romain d'argent resté en circulation en extrême abondance dans la région rhénane et auquel les barbares

étaient traditionnellement habitués. Cependant, il arriva
que la grande raréfaction de l'or en Gaule, dans le dernier
siècle de la période mérovingienne, — raréfaction dont
nous avons expliqué les causes économiques, — remit en
honneur dans ce pays appauvri par son imprudence la
frappe de l'argent. On vit dès lors se multiplier dans la
circulation commerciale de petites pièces d'argent a flan
épais, que nous appelons *saigas*, sans qu'il soit bien certain que cette expression qu'on rencontre dans les lois des
Alamans et des Bavarois doive leur être appliquée. Ces
deniers pèsent environ 1ᵍʳ,25 ; on en fabriquait 264 à la
livre et douze d'entre eux valaient un sou d'or. Leurs
types sont pareils à ceux des triens, et leurs légendes nous
fournissent de même les noms de nombreux monétaires et
ateliers (V. FRANCE).

Nous avons caractérisé plus haut les causes de la réforme
commencée par Pépin le Bref et achevée par Charlemagne.
L'autorité royale intervint pour faire cesser le désordre
du monnayage privé, et restaurer a son profit le privilège
régalien de monnayage tombé en désuétude. Uniformiser
autant que possible le poids, les types et l'aloi du denier,
rétablir le nom royal dans la légende, supprimer les ateliers
privés : telle fut l'œuvre entreprise par Pépin le Bref et
spécifiée en particulier par le canon 27 du capitulaire de
Vernon-sur-Seine, en 755 : le denier nouveau de ce prince,
taillé a raison de 240 à la livre, pesait théoriquement
1ᵍʳ,36 ; mais l'irrégularité de la frappe fait qu'en réalité
son poids oscille entre 1ᵍʳ,24 et 1ᵍʳ,47 : outre le denier
on frappe le demi-denier ou obole ; enfin le droit de monnayage a prélever au bénéfice de l'officine monétaire est
fixé a un sou par livre. Les premières émissions de Charlemagne donnent le même poids pour le denier. mais dès
781 intervient un capitulaire nouveau et plus efficace qui
porte à la fois sur les monnaies et les poids et mesures. La
livre de Charlemagne parait alors avoir été élevée a
491ᵍʳ,179, ce qui fournit pour le denier, à raison de 240
à la livre, le poids de 2ᵍʳ,04 (M. Prou, *Catal. des monnaies carolingiennes de la Bibliothèque nationale*,
Introd.). A partir de la réforme carolingienne, le denier
d'argent prend l'aspect mince et plat qu'il conservera durant
tout le moyen âge ; son type est tantôt l'effigie royale ou
impériale, tantôt le temple, un grand monogramme, la

croix, un navire, etc. Les légendes portent les noms des souverains et des ateliers. Le célèbre édit de Pîtres, promulgué par Charles le Chauve en 864, et dont les titres VIII à XXIV ont trait à la législation monétaire, essaie d'uniformiser davantage encore les types de la monnaie et d'en centraliser plus étroitement la frappe dans les ateliers royaux ou impériaux. Nous constaterons bientôt que cet édit fut peu efficace. Tandis que dans l'empire carolingien et les royaumes issus de son démembrement le denier et l'obole d'argent seuls sont monnayés, il n'en est pas de même chez les Lombards d'Italie qui continuent à frapper le sou d'or, ni chez les Arabes qui n'ont jamais cessé d'émettre partout concurremment le dinar (or), le dirhem (argent) et le fels (cuivre), ni enfin dans l'empire byzantin où se poursuit lentement la déformation de la monnaie romaine d'or et d'argent.

XV. Période féodale jusqu'au XIII° siècle. — Le droit de monnayage, c.-à-d. l'exploitation d'un atelier monétaire, procurait des revenus assez importants pour qu'ils fussent comptés au nombre des principaux avantages accordés par le roi ou l'empereur aux ducs, comtes, marquis et autres officiers placés à la tête du gouvernement des provinces. Dès le temps de Charles le Chauve, et à la faveur des troubles qui marquèrent les IX° et X° siècles, le droit de battre monnaie, très apprécié à cause de son côté lucratif et honorifique, fut recherché par tous les personnages, prélats ou barons, auxquels les rois déléguaient une partie de leur autorité. Ce droit se trouva, dès lors, ou bien concédé gracieusement par les rois ou les empereurs à des évêques, des monastères, des barons laïques, ou bien il fut directement usurpé par ces mêmes détenteurs du pouvoir local. Telle est la double origine de la monnaie féodale : tantôt concédée, tantôt usurpée, elle passa dans l'usage et devint l'un des droits souverains les plus importants considérés comme inhérents à l'autorité de tout seigneur laïque ou ecclésiastique.

Les premières monnaies féodales, celles qui remontent au IX° siècle, n'ont rien qui les distingue des monnaies royales ou impériales contemporaines, dont elles reproduisent les types, les légendes, le poids et l'aloi ; bientôt, au nom du prince, se substitue celui du seigneur : les pre

mières monnaies que nous puissions citer avec des légendes
nettement féodales sont les deniers qui portent les noms
d'Adalbéron, archevêque de Reims ; d'Arnoul II, comte
de Flandre (964-986) ; d'Héribert, comte de Vermandois,
ou le nom des monastères de Saint-Médard de Soissons et
de Corbie. Les Xe et XIe siècles voient se multiplier les
ateliers féodaux, et, à ce point de vue comme à beaucoup
d'autres, Hugues Capet frappant monnaie n'est que le premier des barons ; évêques, abbés, seigneurs font comme
lui, tout aussi légitimement, et signent leurs espèces. Là
même où l'autorité du roi est reconnue, les feudataires se
font concéder légalement, par des actes publics, le *jus
monetæ*, c.-à-d. le droit de battre monnaie à leurs noms.

La monnaie féodale commence en France avec les derniers Carolingiens ; on peut la faire débuter en Allemagne
avec le règne d'Henri l'Oiseleur (919), en Italie avec Othon
le Grand (962), en Angleterre avec la conquête de Canut
le Grand (1016), en Espagne avec la formation des divers
royaumes chrétiens. Partout, que la monnaie soit princière
ou seigneuriale, on ne frappe que le denier et l'obole d'argent ; les types sont ceux de l'époque carolingienne de plus
en plus dégénérés ; les légendes sont, la plupart du temps,
d'un déchiffrement pénible, et le titre du métal est souvent
altéré. Les barons prennent à tâche d'imiter les types et
de contrefaire les légendes des monnaies qui ont la plus
grande vogue et jouissent du meilleur crédit à cause de
leur bon aloi, comme par exemple les monnaies des rois de
France populaires sous le nom de monnaie tournois et monnaie parisis (V. FRANCE, PARISIS, TOURNOIS). Outre les
deniers royaux, certaines espèces féodales renommées pour
leur bon titre eurent une grande vogue et furent souvent
imitées. Telles sont, entre autres, les monnaies des comtes
de Blois et de Chartres dont le type connu sous le nom de
type chartrain ou *type chinonais* présente les dégénérescences les plus bizarres ; telles sont aussi les monnaies
de Provins, dont les plus anciennes portent le monogramme
du nom du roi Eudes : leur type immobilisé s'altère graduellement, et le mot *rex* se transformant devient méconn-
naissable au point de ressembler à un *peigne* ; un jeu
d'esprit vit dans ce type une allusion au nom de la *Champagne*, et c'est sous le nom de *peigne de Champagne*
que ces pièces, prototypes de nombreuses imitations, res-

tèrent populaires durant des siècles. Au xiii° siècle seulement paraissent les armoiries sur les monnaies. C'est l'époque en outre où, comme le disent MM. Engel et Serrure, « à mesure que l'autorité des rois de France s'affermit, nous voyons se manifester chez ces souverains le désir de concentrer entre leurs mains le monnayage français. De très bonne heure, la suppression des ateliers féodaux marche de front, dans les préoccupations de la couronne, avec l'agrandissement du territoire ». (Engel et Serrure, *Traité de numism. du moyen âge*, t. II, p. 573.)

En Angleterre, le denier ou *penny* est, comme en France, une imitation du denier carolingien ; on le frappe dans une énorme quantité d'ateliers avec la formule dont voici le type : *un tel* (monétaire) *dans telle localité*. Les *pennies* qui portent le nom et le buste royal d'Aethelred (978-1016) et de Canut le Grand (1016-35), avec une croix au revers, ont été très répandus et imités en Irlande, en Écosse, dans les pays scandinaves et dans le N. de l'Allemagne.

La numismatique féodale de l'Allemagne est aussi dans son ensemble la continuation et la dégénérescence du denier carolingien ; les noms d'ateliers et de souverains seuls varient. Bientôt, après l'avènement de la maison de Souabe avec Conrad III (1138-52), s'établit dans le monnayage allemand une complexité presque inextricable : les numismates distinguent cependant, d'une manière générale, deux grandes régions : « La région occidentale, c.-à-d. la Haute et la Basse-Lorraine, les Pays rhénans, la Frise, une partie de la Franconie et de la Souabe, enfin la Bavière, continuent à émettre des *deniers* d'argent, empreints sur les deux faces ; la région orientale, c.-à-d. la Saxe, une partie de la Franconie et de la Souabe, frappe des *bractéates* et n'a d'autre numéraire que ces minces et fragiles feuilles d'argent empreintes d'un seul côté. » (Engel et Serrure, II. 515.) Les Ottons firent de nombreuses concessions monétaires aux évêques et aux monastères, ainsi qu'aux villes, aux marquis, landgraves et autres feudataires laïques ; cette multiplicité d'ateliers seigneuriaux a son reflet dans les types, le titre et l'aspect extérieur des espèces, bien qu'on continuât toujours à ne frapper que des deniers et des oboles. Comme types, le denier féodal allemand porte principalement la croix et le temple, avec des modifications locales : le nom de l'atelier placé au milieu du champ est un arrangement que la monnaie de Cologne rendit populaire ; on voit aussi l'effigie de saints patrons, des bustes d'évêques, une main ouverte, des cavaliers, des fleurs, des lions, des oiseaux, emblèmes locaux précurseurs des armoiries ; quelques types, enfin, surtout en Westphalie et dans les Pays-Bas, sont imités de ceux des deniers anglais ; dans le Sud et l'Est, on trouve des imitations de la monnaie byzantine. Les légendes sont souvent incorrectes, semées d'abréviations et fort difficiles à déchiffrer (V. BRAC-TÉATE).

En Italie, les monnaies féodales forment deux groupes. Dans le Nord, c'est le denier carolingien avec ses dégénérescences, comme en France, en Allemagne, dans la Lotharingie et la Bourgogne ; au xiie siècle seulement paraissent quelques types nouveaux, tels que la porte (*janua*) à Gênes, et la *fleur de lis* à Florence. Le denier romain porte à la fois le nom du pape et celui de l'empereur ; toutes les petites républiques italiennes ont leur monnayage autonome avec leur nom et leur emblème ou l'image de leur saint patron. À Venise, à partir de 1192, on frappe le *grosso* ou *matapan* d'argent, qui représente d'un côté le Christ, et de l'autre le doge recevant une bannière des mains de saint Marc. Dans le S. de l'Italie, la monnaie se ressent de la double influence arabe et byzantine, et l'on frappe dans les trois métaux, or, argent et bronze. Les *tari* d'or du duché de Pouille sont servilement imités des monnaies musulmanes et portent même des inscriptions coufiques ; les *follari* en bronze sont au contraire imités des monnaies de Byzance avec le buste du Christ au nimbe crucigère. En Sicile, l'empereur Frédéric II (1198-1250) fait frapper l'augustale et la demi-augustale d'or, les plus belles monnaies du moyen âge, au type du buste impérial et de l'aigle, rappelant ainsi les monnaies de l'ancien empire romain.

En Espagne, dans les royaumes chrétiens, les deniers et les oboles sont aussi des dégénérescences carolingiennes. Mais sous Alfonse VIII, roi de Castille (1158-1214), paraît la belle pièce d'or, le *marabotin* ou *maravédi alfonsin*, imité du dinar musulman, avec des légendes chrétiennes en arabe. Jusqu'au xiiie siècle, les principales monnaies de l'empire de Constantinople sont toujours le *sou*

d'or ou *besant* (du nom de Byzance) et le denier d'argent
appelé *aspre* dans les textes contemporains ; il y a aussi
des monnaies de bronze. Toutes ces pièces ont un style
très caractéristique ; le flan, de plus en plus élargi et
aminci, est devenu concave d'un côté, convexe de l'autre ;
le métal s'est altéré. Quant aux types, ce sont d'un côté
l'empereur en buste ou en pied ; de l'autre, le Christ ou
la Vierge en buste ou assis de face.

On frappe des monnaies à l'imitation de celles de Byzance
dans les despotats de Chypre, de Lydie, d'Épire, dans les
royaumes de Nicée, de Thessalonique, de Trébizonde. Après
la prise de Jérusalem en 1099, les Croisés introduisirent
en Orient, dans toutes leurs principautés, duchés, comtés
et seigneuries, la frappe du denier occidental en argent et
en billon ; ils imitèrent aussi, par endroits, comme dans
les comtés d'Édesse et d'Antioche, les monnaies d'or, d'argent et de cuivre byzantines et musulmanes, parfois même
ils employèrent la langue arabe pour leurs légendes monétaires.

Le monnayage de la Hongrie, de la Bohême, de la Russie, fait son apparition au xi⁰ siècle et nous présente le
prolongement du denier et de l'obole des pays germaniques,
avec une influence byzantine et anglo-scandinave. Les premières monnaies de la Bosnie, de la Bulgarie, de la Serbie
sont des imitations du matapan vénitien.

XVI. Du milieu du xiii⁰ siècle a la fin du xv⁰. —
Dans la rapide esquisse qui précède, on a remarqué que,
jusqu'au milieu du xiii⁰ siècle, la monnaie des pays occi-
dentaux est monométallique : c'est le denier d'argent dérivé du denier carolingien ; on l'imite partout ; on l'altère
aussi partout et le public comme les gouvernements ont à
lutter contre les abus de toute nature auxquels donne lieu
la frappe de cette pauvre monnaie.

Seuls, l'empire de Constantinople, les royaumes musul-
mans et occasionnellement quelques pays chrétiens en
contact direct avec ces derniers, continuent à émettre la
monnaie d'or.

Pour répondre aux nécessités du commerce avec l'Orient,
développé par les croisades, tous les pays d'Europe durent,
à partir du milieu du xiii⁰ siècle, créer des monnaies plus
fortes que le denier. C'est alors que fut inauguré le *gros*

d'argent ou multiple du denier, et qu'on commença à frapper des pièces d'or. La date de cette innovation en Italie et en France est le milieu du xiiie siècle ; elle se produisit en Allemagne, sous Louis IV de Bavière (1314-47) ; en Angleterre, sous Edouard Ier (1272-1307) ; en Bohême, sous Wenceslas II (1278-1305); en Hongrie, sous Charles d'Anjou (1310-42) ; en Pologne, sous Casimir le Grand (1337-70).

Le florin d'or fut créé à Florence en 1252 (V. FLORIN). On sait quelle fut la vogue immense de cette pièce qui, par la suite, fut imitée non seulement en Italie, mais en France, en Espagne, en Allemagne, dans les Pays-Bas et jusque dans la principauté d'Achaïe ; la pièce d'or de Gênes, le *genovino*, fit, peu après, son apparition. Le *ducat* ou *sequin d'or* de Venise, qui fut répandu et imité surtout dans l'Orient chrétien, est monnayé pour la première fois en 1284 (V. DUCAT).

A l'imitation du dinar arabe, saint Louis créa la belle pièce appelée *écu d'or* dont le type est un écu semé de fleurs de lis : elle pèse de 4^{gr},15 à 4^{gr},05. En même temps, pour l'argent, saint Louis fit du *sou*, qui jusque-là n'était qu'une monnaie de compte, une monnaie réelle : on l'appela le *gros tournois* ; il valait 12 deniers tournois et pesait 4^{gr},10. Les ateliers royaux continuèrent à frapper aussi des deniers et des oboles tournois, des deniers et des oboles parisis. En Angleterre, sous Henri III en 1248 et sous Edouard Ier, le *penny* se transforme et s'achemine vers le type définitif du denier *esterlin* qui devait rester si populaire. Dans les autres pays de l'Europe, des progrès analogues se produisent.

La grande préoccupation des rois de France, à partir de saint Louis, fut d'assurer à la monnaie royale un cours privilégié dans toute l'étendue du royaume, au détriment de la monnaie locale : à tout propos, on voit la royauté intervenir tantôt par l'habileté diplomatique, tantôt par la violence ou la ruse pour restreindre les droits monétaires des seigneurs. Dès 1262, saint Louis interdit aux barons d'imiter les types des espèces royales, et cela se comprend aisément : la monnaie royale, parisis ou tournois, étant de meilleur aloi que les monnaies féodales, était partout préférée à ces dernières. En donnant à leurs espèces les types et l'aspect de la monnaie royale, les barons essayaient de faire passer leurs mauvaises espèces dans la circulation générale en bénéficiant de l'ignorance du public. Aussi le roi spécifie qu'entre les monnaies royales et celle des barons il doit y avoir « dissemblance aperte et devers croix et devers pilles ».

Comme conséquence, les rois de France professent en même temps la doctrine que les barons ne peuvent frapper que les espèces qu'ils ont jusque-là été autorisés à émettre, c.-à-d. le denier et ses divisions ; ils ne doivent ni créer des espèces nouvelles, ni frapper les multiples du denier. Enfin, les légistes de la cour enseignent que la monnaie royale a cours privilégié dans toute l'étendue du royaume, tandis que les monnaies des princes feudataires, prélats et barons, ne peuvent circuler que dans l'étendue de la seigneurie. C'est ce qui frappe en particulier dans les arrangements monétaires de Philippe le Bel avec Gui de Dampierre, comte de Flandre. Le roi exige que nul, dans le comté de Flandre, ne puisse refuser la monnaie parisis ou la monnaie tournois ; il spécifie nettement que les monnaies des barons n'auront cours que dans le ressort de chaque baronnie, et que les monnaies étrangères, surtout les esterlins d'Angleterre, seront prohibées même en Flandre. Ces mesures restrictives réitérées sous Louis le Hutin, Jean le Bon et leurs successeurs devaient nécessairement amener rapidement la décadence et la ruine du monnayage féodal en France.

Mais la disparition des ateliers féodaux, consommée au xive siècle, n'apporta pas une solution à la question monétaire. Ni les mesures coercitives de Philippe le Bel, ni les judicieux conseils de Nicolas Oresme, sous Charles V, non plus que les altérations, les décris, les cours forcés, les perpétuelles refontes et la création de nouvelles espèces n'empêchaient la mauvaise monnaie de faire émigrer la bonne. A partir de l'époque de Philippe le Hardi et surtout de Philippe le Bel, les variétés de monnaies d'or et d'argent, de poids et de titre différents, se multiplient à cause des refontes jugées nécessaires ; pour l'argent, on distingue les monnaies blanches, c.-à-d. celles dont le titre est élevé, des monnaies noires, c.-à-d. les pièces de billon dont le cuivre forme l'élément essentiel. Mais entre les monnaies blanches et les monnaies noires, il y a des pièces intermédiaires, en un métal plus ou moins saucé,

frappées plus ou moins frauduleusement par les pouvoirs
publics eux-mêmes, et constituant la principale cause de
discussions ou parfois de troubles graves. Les systèmes
diffèrent dans chaque atelier et changent à chaque émission ; les monnaies royales, baronales, étrangères circulent partout, apportées par les marchands et souvent en
dépit des ordonnances royales qui en prohibent le cours.
On ne peut plus régler un compte sans l'intervention des
changeurs qui pullulent partout et ont beau jeu au milieu
de cette complication universelle. Eux-mêmes ne parve-
naient à se rendre compte de la valeur relative des espèces
variées qui, malgré les décris, circulent entre toutes les
mains, qu'à l'aide de barèmes spéciaux, de ces *livres de
changeurs* dont il nous est parvenu d'assez nombreux
spécimens ; ils ont recours aussi enfin à la pierre de touche
et à de petits trébuchets qui leur servent à peser et à
essayer les pièces (V. CHANGEUR).

Le titre des pièces d'or en France s'évaluait en *carats*,
comme on le fait de nos jours en *millièmes*. L'or fin,
absolument pur, est à 24 carats ; quand on dit que l'or
est à 22 carats, cela signifie qu'il contient 22 parties d'or
pur et 2 parties en une autre matière. L'argent s'estimait
en *deniers* de chacun 24 grains ; l'argent pur était à
12 deniers ou 288 grains ; l'argent à 10 deniers contenait
par conséquent 2 parties de matières étrangères ; on appelait *argent le roy* ou *du roy* l'argent à 11 deniers
12 grains, c.-à-d. l'argent qui avait perdu un demi-denier
ou 12 grains de son titre. Quand un texte ancien dit qu'une
pièce est frappée, par exemple, à 3 deniers *d'argent le
roy*, cela signifie que la monnaie en question contient le
quart de son poids d'argent à 10 deniers 12 grains de fin.
Chaque fois qu'une ordonnance royale décidait la création
d'une nouvelle pièce d'or ou d'argent, on indiquait son
degré d'or fin ou d'argent fin en carats ou en deniers, et
la connaissance de ce degré de fin était nécessaire pour
fixer la valeur intrinsèque des espèces et établir des comptes
exacts. Quant au poids, il était établi en France par rapport au marc ; on spécifiait à chaque émission d'espèces
nouvelles qu'il serait taillé un nombre déterminé de pièces
dans un marc d'or à *tant* de carats ou dans un marc
d'argent à *tant* de deniers de fin. Mais il existait, suivant
les pays, de nombreuses espèces de marcs. Au xive siècle,

en France, il y avait : le marc de Tours (223gr,39), le marc de Limoges (226gr,28), le marc de Montpellier (239gr,11), le marc de La Rochelle ou marc d'Angleterre (229gr,85) et enfin le marc de Troyes qui fut celui d'après lequel fut taillée la monnaie royale. Ce marc pesait 245 gr. et était divisé en 8 onces, 64 gros, 192 deniers et 4.608 grains.

En Angleterre, la taille des monnaies se référait au *pound* ou *poids*, équivalent à 350 gr. environ ; le pound était divisé en 12 *ounces* ou 240 pennyweight ou esterlins, ou 7.680 grains ; ce système dura jusqu'en 1536, sous Henri VIII. En Hollande, où le change international et le commerce des métaux précieux était si développé, surtout sur la place d'Anvers, le marc équivalait à 246 gr. environ et ses divisions formaient le tableau suivant :

1 marc	=	8 onces.
—	=	160 esterlins.
—	=	320 mailles
—	=	640 vierling ou felins.
—	=	1.280 troiskens.
—	=	2.560 deuskens.
—	=	5.120 grains.

Il y avait aussi dans certains pays, par exemple en Flandre et en Hollande, un petit marc (*parva marca*) pesant environ 180 gr., qui sert souvent d'étalon à la taille des espèces. En Allemagne on taillait la monnaie d'argent suivant le marc de Cologne évalué à 233gr,855 : il se subdivisait en 4 vierding, ou 16 loth, ou 32 setin, ou 64 quentchen, ou 256 richtpfenning, ou 512 heller. A Constantinople, l'ancien système romain avait persisté et la monnaie était taillée suivant l'étalon du *solidus* d'or (4gr,55), divisé en 12 *millaresia* ou 24 *keratia* ou siliques, ou 288 *nummi* ou *folles*.

« A Venise, on eut une échelle de 1.152 *carati* ; on n'indiquait pas le nombre des parties d'or, mais celui des parties d'alliage, par exemple : *peggio* 288, *pire* 288, c.-à-d. de 288 carati pire que 1.152 ou 18 carats. En France, les changeurs et les maîtres des monnaies appliquèrent un système analogue aux monnaies anciennes ou étrangères, sous le nom d'*empirance*. » (Engel et Serrure, *Traité*, Introd., t. I, p. XXXIX ; H. Grote, *Die nu-*

mismatische Metrologie, dans les *Munzstudien*, 1863.)

Les comptes s'établissaient par *livres*; mais la livre de compte variait suivant les pays et il était indispensable de spécifier, à chaque fois, de quelle livre on entendait se servir. En France, on comptait surtout en livres tournois ou en livres parisis : en Angleterre, il y avait la livre sterling (V. PARISIS, STERLING, TOURNOIS) ; en Allemagne, le florin de compte. Le système de la livre de compte fut le suivant, en France, jusqu'à la Révolution :

1 livre...	= 20 sols.		1 obole.	= 2 pites.
1 sol....	= 12 deniers.		1 pite..	= 2 demi-pites.
1 denier..	= 2 oboles.			

Si les systèmes tournois et parisis étaient les plus répandus au moyen âge, il importe de ne pas oublier que chacune de nos provinces avait son système pondéral à part et que les comptes et paiements s'établissaient suivant ces usages locaux : citons, par exemple, les systèmes de Provins, d'Angers, du Mans, de Bretagne, raimondin ou de Toulouse, agennais, melgorien, estevenant à Besançon, delphinal, flamand, etc., sans sortir de France.

La livre tournois, pour nous en tenir à elle seule, a subi des variations incessantes. En 1200, sous Philippe-Auguste, elle représentait théoriquement une quantité d'argent égale à 98 gr., et le marc d'argent (245 gr.) valait 2 livres 10 sols. La livre parisis était d'un quart plus forte que la livre tournois. Pour connaître et évaluer en francs actuels la valeur intrinsèque de la livre tournois, à une époque déterminée, il faut savoir quel était à cette date le prix du marc d'argent fin (245 gr.). En effet, si, par exemple, un texte nous dit que le marc d'argent fin vaut 3 livres 8 sous tournois, cela revient à dire que la

livre correspond à un poids d'argent de 72 gr. $\left(\dfrac{245^{gr}}{3^{l}8^{s}}\right)$

et qu'elle vaut, conséquemment, 16 fr., puisque le franc pesant 4^{gr},50 est à la livre comme 4,50 sont à 72 (G. d'Avenel, *Hist. économ. de la propriété*, t. I, pp. 47-48). Des tables dressées par divers savants, notamment par Natalis de Wailly et Shaw, nous donnent, année par année, le prix du marc d'or, celui du marc d'argent et, par conséquent, la suite des variations incessantes de la livre tournois, monnaie de compte.

Voulant donner une idée du rôle des changeurs dans les siècles passés et des inextricables difficultés au milieu desquelles se débattaient les gens d'affaires, M. d'Avenel cite les exemples suivants : « A Bordeaux, en 1471, pour payer 17 livres tournois, on donne trois écus d'or, deux *menriques* (*henrici*) neuves, quatre florins du Rhin, cinq d'Aragon, trois florins *au chat* ; on y joint des *gros d'Espagne rognés* valant de 5 à 10 *ardits*, sorte de deniers locaux. A Brive, en 1512, un petit bourgeois fait l'inventaire de ses richesses métalliques qui comprennent des *nobles Henry* (d'Angleterre), des nobles *à l'écu, à la nef, à la roue, au petit* E, des *aigles* d'Allemagne, des philippes, des francs *à cheval* et *à pied*, des chadières (ou chaises), des morisques (des Arabes ou Maures), des *folles*, des angelots, des guilhermus, des florins d'Utrecht, des écus de Bretagne, de Dauphiné, *aux vaches*, des ducats et des gros de toute provenance, etc. Et ces mêmes espèces se rencontrent un peu partout, mélangées à d'autres, aux *carolus*, aux *toisons d'or*, aux réaux d'Autriche, aux patars dans l'Artois ; dans la Bourgogne, aux *Wilhelm*, aux couronnes d'Italie, aux florins de Gueldre, aux blancs de Metz, testons de Milan, *impériales, quints, rape* de Strasbourg et *reichsthalers ;* chacun de ces types ayant une valeur variable, selon l'année de sa fabrication, son titre et son degré de conservation. » (G. d'Avenel, *Hist. économ. de la propriété*, t. Ier, p. 58.) L'article *Moneta* du *Glossarium* de Du Cange contient une longue énumération des principales espèces monétaires du moyen âge et de leurs cours à diverses époques, d'après les documents contemporains.

Toutes les questions relatives à la monnaie, à sa fabrication, son titre, son usage, son cours, ainsi qu'au faux monnayage, etc., étaient réglées par la Cour des monnaies qui, au milieu du XIVe siècle, succéda aux maîtres des monnaies, investis auparavant des mêmes fonctions de surveillance générale dans tout le royaume de France.

La Cour des monnaies, dit Abot de Bazinghen, en 1764, « est la Cour souveraine qui connaît en dernier ressort et souverainement du fait et de la fabrication des monnaies, comme aussi de l'emploi des matières d'or et d'argent, et de tout ce qui y a rapport tant au civil qu'au criminel, ainsi que de tous les délits qui se commettent par ceux

qui emploient ces matières, soit en première instance, soit
par appel des premiers juges de leur ressort ». Les généraux-maîtres des monnaies furent érigés en Chambre
en 1358, pendant la captivité du roi Jean, par le dauphin
Charles, régent, qui porta leur nombre à 8, leur donna
un règlement et fixa les attributions de la nouvelle
Chambre. Des huit membres ou généraux-maîtres, six
étaient destinés à juger les affaires de la langue d'oil, et
deux, les affaires de la langue d'oc. Par ordonnance de
1455, le roi Charles VII réduisit le nombre des généraux
des monnaies à quatre ; il fut porté à six sous Charles VIII
en 1483, puis à huit en 1494 et à onze en 1522. Par un
édit de janv. 1551, Henri II érigea la Chambre des monnaies en « cour et juridiction souveraine et supérieure,
comme sont les cours de Parlement et autres cours, pour
y être jugées, décidées et déterminées par arrêt et en
dernier ressort, toutes matières tant civiles que criminelles, desquelles les généraux des monnaies avaient connu
auparavant ». Louis XIII et Louis XIV, par des édits successifs, confirmèrent les privilèges des membres de la
Chambre des monnaies, augmentèrent leur nombre, com-
plétèrent son organisation et fixèrent ses attributions. Le
titre de généraux-maîtres des monnaies fut remplacé par
ceux de présidents et conseillers en la Cour des monnaies.
Dans la seconde moitié du xvii° siècle, le nombre de ces
conseillers était de 36, se partageant le service semestriel-
lement, à Paris et dans les provinces. Parmi leurs privilèges, ils avaient le droit de *pied fort*, c'est-à-dire qu'à
chaque changement de la monnaie ils recevaient une pièce
en or et en argent frappée aux mêmes coins que celle
qu'on voulait émettre, mais plus épaisse et équivalent au
quadruple de la monnaie réelle : sur la tranche des pieds
forts, on gravait les mots : *Exemplar probatæ monetæ*.

La juridiction de la Cour des monnaies devait connaître
de l'enregistrement des édits, déclarations et règlements
sur le fait des monnaies et de leur exécution ; de la fabrication, du poids et du titre des monnaies dans tous les
ateliers du royaume ; des adjudications des baux des monnaies, quand les monnaies étaient affermées ; des abus et
malversations commises dans les ateliers monétaires, ou
par les changeurs, chimistes, manieurs de métaux précieux
et par tous les contrevenants aux ordonnances et règle-

ments sur le fait des monnaies ; des marques et poinçons appliqués sur les ouvrages et matières d'or et d'argent ; du fait de fausse monnaie qui était, comme dans l'antiquité, réprimé d'une façon si terrible.

La Cour des monnaies de Paris fut longtemps seule pour tout le royaume, déléguant ses membres dans les provinces. En 1594, Henri IV en créa trois autres, à Toulouse, Poitiers et Lyon, qui furent supprimées peu après. En 1645, Louis XIV créa deux Cours de monnaies à l'instar de celle de Paris, celle de Lyon et celle de Libourne, dont le ressort s'étendit sur les provinces et généralités du Midi de la France.

XVII. PÉRIODE MODERNE. — La période moderne dans l'histoire de la monnaie commence à la fin du xvᵉ siècle : elle est caractérisée par l'apparition des grosses pièces, souvent à effigie royale, appelées *thalers* et *testons*. L'Italie devança les autres pays pour la frappe des pièces d'argent à flan épais et à effigie. Dès 1463, François Sforza, à Milan, faisait graver sa tête sur ses ducats d'or : son successeur, Galéas-Marie (1466-76), ordonne d'abondantes émissions de testons en argent. A Venise, le doge Niccolo Trono fabrique, en 1471, des testons épais valant *una lira* de *20 soldi*. Dans la suite des monnaies pontificales, le teston paraît seulement sous Jules II (1503-13). Comme roi de Naples, Louis XII frappa les fameux ducats d'or (3ᶠʳ,50) avec la légende *Perdam Babillonis nomen*, qui n'est pas, quoi qu'on en ait dit, une menace contre la cour de Rome, mais bien contre les Turcs. Ce prince rapporta de ses expéditions en Italie la mode des testons : le premier teston français est de 1513 ; ceux de François Iᵉʳ sont nombreux ; les testons deviennent la règle à partir de Henri II jusqu'à nos jours.

La fabrication des grandes pièces à flan épais était rendue difficile par les procédés imparfaits des ateliers, et l'on fut amené à chercher des perfectionnements mécaniques. De là, l'invention du balancier sous Henri II, qui fonctionna à partir de 1551 (V. ci-après). Ce fut également Henri II qui créa la charge de *tailleur général* des monnaies de France. « Jusque-là, les fers avaient été taillés dans chaque atelier, par des graveurs qui se transmettaient leur art de père en fils. Toutes les fois qu'on introduisait

un type nouveau, les généraux-maîtres leur en communi-
quaient une empreinte sur parchemin ou sur carte. Mais
ces tailleurs héréditaires, habitués à dessiner des croix et
des écussons, étaient incapables de reproduire l'effigie du
prince, et ils l'avaient prouvé par les testons de François Iᵉʳ. Une ordonnance royale du mois d'avr. 1547 ins-
titua l'office de *tailleur général* qui devait fournir les
matrices aux graveurs de province. Le premier titulaire de
cette charge fut Marc Béchot (1520-57) dont les monnaies ont une véritable valeur artistique. » (Hoffmann,
Monnaies royales de France, pp. 114-115.) On trouvera
à l'art. FRANCE l'énumération des types principaux de la
monnaie française : nous n'avons pas à y insister ici ; di-
sons seulement que deux pièces célèbres, le *louis d'or* et le
louis d'argent, furent créées par Louis XIII en 1640 et
1641 et gravées par Jean Warin ; ils circulèrent concurremment avec les écus d'or et d'argent.

En Angleterre, la période moderne dans le monnayage
débute avec les dernières années du règne d'Édouard VI :
en 1550, il créa des pièces d'or fin (souverain, double
souverain, angelot et demi-angelot) ; en 1551, il émit deux
pièces d'argent à flan épais, la couronne et la demi-cou-
ronne. Marie-Stuart (1543-67) émit les premiers testons
écossais. Charles-Quint pour l'Espagne et les Pays-Bas,
Emmanuel II pour le Portugal, inaugurèrent de nouvelles
espèces, d'après les procédés nouveaux, et plusieurs d'entre
elles comme les réaux et les cruzades eurent une grande
vogue. En Allemagne, en Autriche et en Hongrie la réforme
commence dès la fin du xvᵉ siècle par les grandes pièces
d'argent à flan épais que l'archiduc Sigismond fait frapper
dans le Tirol et sur lesquelles il ajoute, à la légende, le
millésime, comme en Italie. Bientôt, dès les premières années du xviᵉ siècle, l'exploitation plus développée des mines
d'argent du Harz amena la fabrication des *thalers* ; les
plus anciens ont encore des légendes en caractères go-
thiques. Le thaler se subdivisait en 15 batzen et 60 kreutzers;
il a vécu dans toute la Confédération germanique jusqu'en 1873 (V. THALER).

« Les types monétaires de l'Allemagne moderne se composent de portraits de souverains, d'images de saints, de
vues de villes, de représentations d'édifices, de sujets allé-
goriques, d'armoiries ou d'emblèmes héraldiques, d'ini-

tiales et de monogrammes, de croix plus ou moins ornées, de chiffres indiquant la valeur ou la taille des pièces, d'inscriptions transversalement disposées dans le champ. À côté des pièces à types monétaires habituels, on frappa fréquemment des monnaies ayant la portée de médailles commémoratives, c'est ce que les numismates allemands appellent *Schaumünzen* ou *Denkmünzen*, littéralement : monnaies destinées à être regardées ou à consacrer un souvenir... Les monogrammes et les initiales devinrent surtout de mode au xviiᵉ siècle ; souvent, sur les monnaies divisionnaires, ils ne sont accompagnés d'aucune légende explicative, de sorte qu'il est parfois difficile de les comprendre. » (Engel et Serrure, *Num. mod.*, p. 133.)

En Russie, même après le couronnement d'Yvan IV Vasilievitch (1547), le numéraire « continua à consister en *dengui* (au singulier : *denga*) et en *kopeks* d'argent, piécettes de flan oblong et irrégulier, portant à l'avers le cavalier moscovite brandissant un sabre ou tenant une lance, et au revers, une légende en caractères russes écrite en plusieurs lignes. Le *kopek* valait deux *dengui*, et cent *kopeks* formaient un *rouble*, monnaie de compte. Aux espèces nationales venaient se joindre, pour les transactions d'une certaine importance, de nombreuses monnaies d'importation étrangère, telles que les *nobles* anglais et les *ducats* d'or, et les *thalers* d'argent ; enfin, dans les régions éloignées des frontières occidentales, le troc des marchandises avec les fourrures, comme mesure commune, continuait à être le moyen d'échange habituel. Le poids qui servait en Russie pour peser les métaux précieux aussi bien que les autres marchandises était la livre qui se divisait en 96 *solotniks* à 96 *doli*, soit 9.246 doli. La livre russe équivaut à 409ᵍʳ,5116. Quarante livres formaient un *pound* ». (Engel et Serrure, *Numism. moderne*, p. 555.) La grande réforme qui met la monnaie russe au niveau des progrès accomplis auparavant chez les autres nations de l'Europe ne remonte qu'à Pierre le Grand (1689-1725).

XVIII. La fabrication et les ateliers. — A quelque pays et quelque temps qu'elles appartiennent, les monnaies ne peuvent être fabriquées que par deux procédés, la *fusion* ou la *frappe*. Chez les anciens, les deux procédés ont existé : les énormes pièces lenticulaires en bronze d'Olbia, de l'Italie centrale primitive et de l'Étrurie sont produites par la fusion, de même que les pièces de potin frappées par certaines tribus gauloises vers le temps de la conquête de Jules César; enfin les monnaies de bas billon, émises officiellement sous l'empire romain à partir de Septime Sévère, ont été souvent coulées dans des moules en terre cuite dont il nous est parvenu quelques spécimens. Néanmoins, le procédé de la frappe au marteau fut d'un usage presque général dans l'antiquité. Les deniers de la république romaine, au nom de T. Carisius, ont pour type de revers les instruments du monnayage, l'enclume et le *coin-matrice*, qui portent en creux les types destinés à être reproduits en relief sur les deux faces de la pièce, les tenailles qui servent à manipuler le métal chauffé à la forge, enfin le marteau avec lequel on frappe parfois à plusieurs reprises sur le coin-matrice. Une petite monnaie de bronze de Paestum nous montre, comme type de revers, deux ouvriers monétaires au travail (fig. 10);

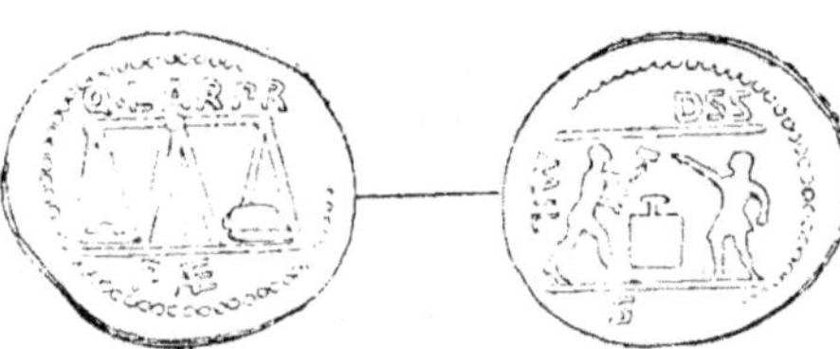

Fig. 10. — Monnaie de Paestum. Au droit, lingot métallique sur une balance; au revers, deux ouvriers frappant sur l'enclume monétaire.

enfin une peinture murale récemment découverte à Pompéi représente des Amours se livrant aux opérations successives de la préparation des coins et de la frappe des monnaies. Ils représentent le rôle des ouvriers appelés *æquatores* (ajusteurs), *flatuarii* (forgerons), *signatores* (graveurs des coins), *malleatores* (ceux qui frappaient avec le marteau), *suppostores* (ceux qui maintenaient le flan métallique pendant la frappe). A la tête de chaque atelier, il y avait les *officinatores* (chefs d'atelier), les *exactores* (essayeurs), les *nummularii* (caissiers). Tous ensemble formaient la corporation des monnayers, la *familia monetalis*. Avant la frappe, le flan métallique était généralement mis au poids légal, moulé et arrondi en globule ; rarement il était découpé à l'emporte-pièce dans une lame métallique amenée par le laminoir à l'épaisseur de la pièce à fabriquer. La frappe au marteau produisit parfois — si grand était le talent des artistes graveurs des coins — les types monétaires les plus mer-

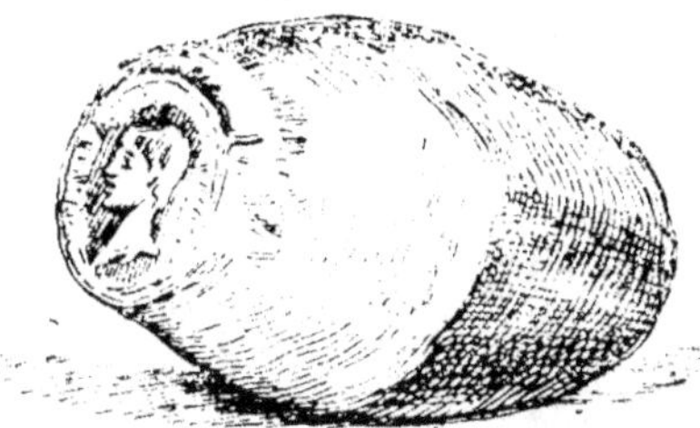

Fig. 11. — Coin monétaire du haut empire romain.

veilleux qui soient au monde ; mais les bords de la pièce sont presque tou- jours irréguliers, fendillés : parfois même, nous pou- vons nous rendre compte des difficul- tés ou de négli- gences de fabrica- tion : on voit que le coin a glissé et que l'ouvrier a frappé plus ou moins maladroitement et à plu- sieurs reprises, ce qui a produit dans les types une super- position appelée *tréflage*. Pour éviter le tréflage dans cer- tains ateliers, notamment en Syrie et en Égypte, on ménageait en saillie, au centre du coin-matrice, une pointe qui pénétrant dans le flan assurait sa fixité, mais cette pointe a eu l'inconvénient de produire sur les pièces une petite cavité centrale. En dehors des grands médaillons de la fin de l'empire romain, les plus grosses pièces qui aient été frappées au marteau, dans l'antiquité, sont les *pente-contalitra* ou décadrachmes de Syracuse (43 gr.), les dé- cadrachmes d'Athènes et d'Alexandre le Grand (43 gr.), les dodécadrachmes d'argent (54ᵍʳ,60) et les grands bronzes de Carthage et des Lagides (dépassant 100 et même 130 gr.), enfin le plus grand des médaillons d'or du fameux trésor de Tarse (110ᵍʳ,30) et la grande pièce d'or du roi de Bac- triane Eucratidès (172 gr.), tous conservés au Cabinet des médailles.

Les musées possèdent un certain nombre de coins mo- nétaires antiques. L'un, d'une grande monnaie de Béré- nice II, reine d'Égypte, n'est qu'un cylindre de bronze, sur la base duquel se trouve le type monétaire gravé en creux (*Monum. dell' Instit. archéol.* de Rome, t. V, pl. LI, fig. 9). À l'époque romaine, les coins sont aussi générale- ment en bronze : il en est pourtant qui se composent d'une matrice en acier, encastrée dans une sorte de baril-

let en bronze ou en fer. Par de tels procédés manuels on
ne pouvait guère frapper que quelques centaines de pièces
avec les mêmes coins; il fallait incessamment renouveler
l'outillage, ce qui n'a pas peu contribué à nous doter de
l'infinie multiplicité des types monétaires que nous a légués
l'antiquité.

Les graveurs des coins monétaires, chez les Grecs et
même dans le premier siècle de l'empire romain, étaient

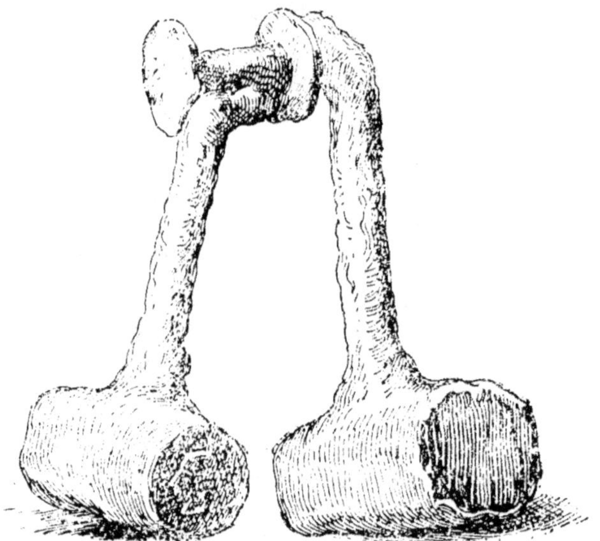

Fig. 12. — Double coin monétaire de l'atelier d'Antioche
fin de l'empire romain. Les matrices sont en acier
et réunies l'une à l'autre par deux branches tour-
nant autour d'un pivot commun.

des artistes de grand talent, jouissant de la plus haute
considération et signant parfois leurs œuvres. On lit
ΝΕΥΑΝΤΟΣ ΕΠΟΕΙ sur de belles monnaies de Cy-
donia, en Crète, et ΘΕΟΔΟΤΟΣ ΕΠΟΕΙ sur de splen-
dides tétradrachmes de Clazomène. Mais c'est principalement
dans la Grande-Grèce et en Sicile qu'on trouve des monnaies
signées. Les plus célèbres sont les monnaies de Syracuse

signées des artistes Cimon, Evénète, Eucleidas, Eumène,
Parménidès, Sosion, Phrygillos, qui vivaient vers l'an 400 ;
leurs chefs-d'œuvre monétaires défient aujourd'hui encore
l'habileté de nos plus grands maîtres modernes.

A Athènes, l'atelier monétaire appelé *argyrokopeion*
était annexé au sanctuaire de Thésée stéphanéphore ; à
Rome, il était primitivement une dépendance du temple de
Junon, au Capitole. Sous l'empire, on installa, pour frapper
la monnaie impériale, des ateliers à Rome, Lyon, Tarra-
gone, Carthage, Alexandrie, Antioche (fig. 12), Thessalonique, Siscia ; en même temps, les villes grecques conservèrent le droit de continuer à frapper leur monnaie de
bronze locale, qui servait de monnaie d'appoint, concurremment avec les pièces de bronze de coin romain.

A Rome, l'atelier du Capitole, devenu trop exigu, fut
transféré dans un hôtel spécial, près des Thermes de Titus,
et le droit d'émettre la monnaie fut partagé entre l'empereur et le Sénat. L'empereur eut le droit de faire frapper
la monnaie d'or et d'argent ; le Sénat fit frapper la monnaie de bronze, d'où la mention S. C. (*sénatus-consulte*)
qu'on lit sur les bronzes de l'empire romain. Les trois
officiers chargés de surveiller la fabrication des espèces
conservèrent, comme sous la république, le titre officiel
de *tresviri auro, argento, œre flando feriundo ;* souvent,
on voit paraître comme type, au revers des pièces, les
trois monnaies symbolisées par trois femmes qui tiennent
la balance et la corne d'abondance (fig. 9). Les ouvriers
étaient répartis en des classes diverses correspondant
aux phases de la fabrication. Ils étaient si nombreux,
à Rome, que, lorsqu'ils se soulevèrent, à l'instigation du
rationalis Felicissimus, la répression de leur révolte par
l'empereur Aurélien coûta la vie à 7.000 soldats.

On donne le nom de *monnaies fourrées* à des pièces
romaines, de la république et de l'empire, qui se composent d'un flan de métal en cuivre ou en étain formant
âme et recouvert d'une mince pellicule d'argent. L'âme et
l'enveloppe étaient frappées en même temps : c'était de la
fausse monnaie. Les *monnaies scyphates* ou monnaies
en coupe (*scyphos*) sont des pièces d'or frappées par les
tribus gauloises de l'Helvétie et de la vallée du Danube,
qui sont bombées d'un côté et creuses sur l'autre face ;
des scyphates à flan très mince ont été aussi frappées

en abondance à partir du xe siècle dans l'empire byzantin.

La fabrication des monnaies par la frappe au marteau est aussi la seule que connut le moyen âge jusqu'à François Ier. Quelques monuments nous ont gardé l'image d'ateliers monétaires en activité : un bas-relief du xie siècle, conservé à l'église Saint-Georges-de-Bocherville (Seine-Inférieure), représente un monnayeur, le marteau et le trousseau aux mains, à côté du cépeau muni de la pile ; un vitrail de la cathédrale du Mans, plusieurs miniatures de manuscrits, un sceau de la Monnaie d'Orviéto, figurent aussi des ouvriers monétaires dans l'exercice de leur métier (fig. 45) ; les outils du monnayage se voient enfin sur des deniers carolingiens frappés à Melle. Le mode de fabrication a été décrit de la façon suivante dans l'*Encyclopédie* du xviiie siècle : « On alliait les matières d'or ou d'argent, on les fondait, on les jetait en lames, et on en faisait des essais comme il se pratique aujourd'hui. On recuisait, après cela, les lames et on les étendait sur l'enclume, ce qui s'appelait *batire la chaude*. Quand les lames étaient étendues à peu près de l'épaisseur des espèces à fabriquer, le prévôt ou le lieutenant des ouvriers s'en chargeait et les distribuait aux ouvriers pour les couper en morceaux à peu près de la grandeur des espèces, ce qu'on appelait *couper carreaux*. On faisait après cela recuire les carreaux ; on les étendait avec un marteau appelé *flattoir* ; puis, on en coupait les pointes avec des cisoires, ce qui s'appelait *adjuster carreaux*, et on les rendait ainsi du poids juste qu'ils devaient être, en les pesant avec les déneraux, à mesure qu'on en coupait, ce qu'on appelait *approcher carreaux*. On rabattait ensuite les pointes des carreaux pour les arrondir, ce qu'on appelait *réchauffer carreaux* ; on les pinçait pour cela avec des tenailles nommées *estanques*, que l'on couchait sur l'enclume, de manière qu'en donnant quelques coups d'un marteau surnommé *réchauffoir*, sur la tranche des carreaux, on en rabattait les pointes et on les adoucissait, de sorte qu'ils se trouvaient du volume des espèces, ce qu'on appelait *flattir*. Quand les carreaux avaient été flattis, alors on les nommait flans ; le prévôt qui s'était chargé des lames rendait les flans et les cisailles, poids pour poids, comme s'il s'en était chargé, ce qui s'appelait rendre *la brève*, et le maître payait à ce prévôt les droits

ordinaires pour être distribués à ceux qui avaient ajusté
la brève. Après cela, on portait les flans au *blanchiment*,
pour donner la couleur aux flans d'or et blanchir ceux
d'argent.

« On se servait, pour la frappe, de deux poinçons

Fig. 13. — La frappe des monnaies au marteau, d'après une
gravure du temps de Louis XII.

appelés *coins*, qui étaient de grosseur proportionnée aux
espèces, dont l'un était appelé *pile*, et l'autre *trousseau*.
Il y avait sur ces deux coins les empreintes des espèces
gravées en creux. La pile était longue de sept à huit
pouces ayant un rebord appelé *talon*, vers le milieu, et

une queue en forme de gros clou carré, pour la ficher
et enfoncer jusqu'au talon dans un billot appelé *cepeau*
qui était vers le bout du banc du monnayeur.

« Lorsque la pile était enfoncée dans le cepeau, on y
posait le flan ; on mettait le trousseau sur le flan et on le
pressait ainsi d'une main entre la pile et le trousseau à
l'endroit des empreintes ; on donnait de l'autre main trois
ou quatre coups de marteau sur le trousseau, et le flan
était monnayé. Si, dans la frappe, le flan avait sauté, par
suite de l'élasticité du métal, la pièce était *tréflée* ; dans
ce cas, on la *rengrenait*, c.-à-d. qu'on la posait de
nouveau entre les coins et qu'on recommençait la frappe.
Quand une ou plusieurs *brèves* avaient passé sous le marteau des monnayeurs, on *mettait en boîte* une des pièces
frappées et prise au hasard sur un certain nombre, fixé à
l'avance, de pièces semblables, soit d'or, de blanc ou de
noir. Ces boîtes étaient une sorte de tirelire, parfaitement
close et scellée du sceau du maître et des gardes, laquelle,
une fois arrêtée, devait être envoyée à la Chambre des
monnaies de Paris, pour être jugée par les généraux
maîtres. Si, par ce jugement, le titre était reconnu faible,
la boîte était dite *escharce*, et le maître et les gardes de
l'atelier pris en faute étaient mis à l'amende ; de même,
si elle était faible de poids. Il y avait toutefois une certaine tolérance, nommée *remède*, dont on tenait compte au
maître particulier. Lorsqu'une brève était terminée, elle
était remise aux gardes de l'atelier qui y prenaient encore,
au hasard, un certain nombre de pièces qu'ils soumet-
taient à l'essayeur. Celui-ci les analysait, et, dans une
petite cédule de parchemin, constatait le titre réel et le
poids des pièces fabriquées. Si les remèdes n'étaient pas
dépassés, les gardes faisaient la *délivrance* des espèces
au maître particulier qui les émettait définitivement. »
(Engel et Serrure, *Traité de numism.*, t. I. p. LI.)

De même que sous l'empire romain, les ouvriers
employés dans chaque atelier monétaire étaient nombreux
et leur métier exigeait des connaissances techniques. Aussi
étaient-ils organisés en diverses associations appelées *serments ;* il y avait un ou plusieurs de ces *serments* dans
chaque pays ; les plus connus sont le serment de France,
celui de l'Empire ou des pays rhénans, celui de Bourgogne,
celui de Toulouse ou d'Aquitaine, celui d'Espagne, celui

d'Angleterre. Comme on ne pouvait se passer de ces *spé-cialistes*, ils se firent concéder de nombreux privilèges par les rois ou les barons au service desquels ils étaient entrés; par des privilèges encore on obtenait d'eux parfois certains abus dans la frappe de la monnaie. Les monnayeurs de France avaient une sorte de constitution dite charte de Bourges, encore en vigueur au milieu du XIVe siècle (J.-A. Blanchet, *Nouv. manuel de numismatique du moyen age*, t. I, pp. 7 et suiv.).

Au moyen âge, la monnaie royale était frappée dans divers ateliers disséminés dans toutes les provinces du royaume; leur nombre varia suivant les circonstances politiques ou les nécessités de la circulation monétaire. Leurs produits se distinguaient les uns des autres par des marques spéciales gravées sur les pièces et qu'on appelait des *différents*; c'étaient généralement des points, des globules ou des annelets placés sous certaines lettres des légendes et qu'on nomme *points secrets*; c'étaient aussi souvent des lettres ou des symboles placés dans le champ ou en tête même des légendes. Une ordonnance royale du 11 sept. 1389 détermine la place des points secrets pour chacun des vingt-deux ateliers royaux qui existaient alors. D'autres règlements vinrent ultérieurement modifier ces arrangements. Sous François Ier, l'ordonnance royale du 14 janv. 1540 fixa l'emploi des lettres monétaires et des signes spéciaux d'une manière assez durable pour que cet état de choses subsistât en grande partie jusqu'à la Révolution. Voici quelles furent dorénavant les *lettres* qui différencièrent les produits des vingt-quatre ateliers monétaires français : A, Paris; B, Rouen; C, Saint-Lô; D, Lyon; E, Tours; F, Angers; G, Poitiers; H, La Rochelle; J, Limoges; K, Bordeaux; L, Bayonne; M, Toulouse; N, Montpellier; O, Saint-Poursin; P, Dijon; Q, Châlons; R, Saint-André; S, Troyes; T, Sainte-Menehould; U, Turin; V, Villefranche-en-Rouergue; Y, Bourges; Z, Grenoble; W, Rennes.

Ce fut aussi sous François Ier qu'apparurent les premières machines appliquées à la fabrication des monnaies: le *coupoir*, sorte de petite presse à main munie d'un balancier à contrepoids; le *laminoir* ou moulin destiné à donner aux lames métalliques une épaisseur uniforme et pareille à celle des pièces à frapper; enfin le *banc à tirer*

ou *engin tireur*. François Ier appela à Paris l'artiste italien
Matteo dal Nassaro auquel il fit construire le moulin dit
de la Gourdayne : il était installé sur un bateau amarré
au pied du quai de l'Horloge. Mais de plus rapides progrès
dans l'outillage monétaire s'étaient, dans le même temps,
produits en Allemagne, notamment à Nuremberg et à
Augsbourg. Henri II, dans le but de profiter des inven-
tions nouvelles, envoya en Allemagne Guillaume de Ma-
rillac et le mécanicien Aubin Olivier qui rapportèrent des
modèles. Des lettres patentes du 27 mars 1550 et des
édits de 1554 ordonnèrent, en conséquence, la construction sur l'emplacement actuel de la place Dauphine, au
lieu dit le *Jardin des Étuves*, d'un atelier qui fut appelé
la *Monnaie au moulin du Louvre*. Aubin Olivier en fut
le directeur, et Marc Béchot fut nommé *tailleur général
et graveur des figures des monnaies de France*. Aubin
Olivier perfectionna encore cet outillage mécanique par
l'invention de la *virole brisée* qui permit de canneler la
tranche des pièces ou d'y graver des lettres. Cependant,
en 1585, sous Henri III, on décida de retourner au procédé primitif du monnayage *au marteau*, à cause des
frais de fabrication qu'entraînait l'outillage d'Aubin Olivier.
Seules les pièces de luxe, telles que jetons, médailles et
pièces de plaisir, continuèrent à être frappées à la *Monnaie au moulin*. Ce fut en vain que, sous Henri IV, Nicolas Briot essaya de remettre en honneur la *Monnaie
au moulin* pour la frappe des monnaies : il en avait transporté les ateliers au palais du Louvre même, dans la
grande galerie du rez-de-chaussée. Découragé, Nicolas
Briot alla offrir ses services à l'Angleterre et il installa un
atelier *au moulin* dans la tour de Londres, en 1626.

Jean Warin nommé, sous Louis XIII, *conducteur du
balancier du Louvre*, perfectionna l'outillage abandonné
par Nicolas Briot, et procéda aux grandes refontes de numéraire qui eurent lieu de 1636 à 1648. Mais, par suite
d'agissements de la Cour des monnaies, vers cette époque,
on finit par avoir deux ateliers à Paris : l'un, le balancier
du Louvre, devint manufacture royale et fut chargé seulement de la frappe des jetons, médailles et pièces de plaisir : ce fut la *Monnaie des médailles*. L'autre atelier
prit le nom de *Monnaie des espèces* et fut chargé de la
frappe des monnaies ; installé d'abord rue de la Monnaie,

il fut transféré, en 1774, au quai Conti, dans le bel hôtel construit par Jacques-Denis Antoine : il y est encore à présent. La *Monnaie des médailles* resta au Louvre jusqu'à la Révolution : elle fut alors supprimée ; Napoléon la rétablit en 1804, mais en la transférant à l'hôtel du quai Conti et en en faisant une annexe de la Monnaie. En 1807, le balancier fut perfectionné par Gingembre et Saunier : tout récemment, un nouveau et immense balancier vient d'être construit et installé à la Monnaie de Paris, par la

Fig. 14. — La frappe des médailles au balancier

maison Pinchart-Deny. Le balancier n'est plus employé maintenant que pour frapper les médailles. Il consiste en une cage de fer solidement assise et portant un écrou avec une vis armée d'un des coins, qui descend sur l'autre coin formant enclume. Le coin mobile est mis en mouvement par de longs bras armés de boules pesantes, qui, garnies de cordes et tirées par huit ou douze hommes, compriment avec une grande puissance le flan que l'on veut frapper et dont la régularité est maintenue par une virole circulaire (fig. 14).

Pour la fabrication des monnaies, on a adopté, depuis 1846, la presse à vapeur inventée par D. Uhlhorn (de Cologne) et perfectionnée par Thonnelier qui y a adapté la virole brisée afin d'imprimer des légendes en relief sur la tranche des pièces.

Aujourd'hui, à l'Hôtel des monnaies de Paris, fonctionnent 33 presses mues par deux machines à vapeur du système Farcot, savoir : 10 grandes presses Thonnelier,

Fig. 15. — La frappe des monnaies à la presse à vapeur.

pouvant fournir 55 pièces par minute ; 12 presses moyennes du même système pouvant fournir 62 pièces par minute ; 6 petites presses du même système pouvant donner 77 pièces par minute ; enfin, 5 autres presses de divers systèmes. Toutes ces presses fonctionnant ensemble pourraient fournir, en dix heures de travail, au moins 100.000 pièces de toute grandeur (fig. 15).

Dans la fabrication actuelle des monnaies, il faut distinguer trois opérations successives : la préparation des flans métalliques, la gravure des coins et la frappe des pièces. La préparation des flans comporte d'abord l'alliage des métaux. On sait que, pour rendre nos monnaies plus dures, c.-à-d. moins sujettes à l'usure, et aussi pour leur donner une sonorité qui aide à les distinguer des pièces fausses, on ajoute au métal fin une certaine proportion de cuivre. On appelle *aloi* ou *titre* la proportion entre le métal fin et l'alliage. Nos monnaies d'or et notre pièce de 5 fr. en argent sont au titre de 900 parties de métal fin contre 100 parties de cuivre ; nos pièces divisionnaires en argent sont au titre de 835 millièmes ; enfin, dans nos pièces de bronze, il entre 95 parties de cuivre, 4 parties d'étain et 1 partie de zinc. Cette opération de l'alliage étant très délicate, on tolère dans la fabrication un écart de 1 millième pour l'or, de 2 ou 3 millièmes pour l'argent: c'est le *remède d'aloi* ; un écart ou *remède* de quelques millièmes est toléré aussi pour le poids. Le métal est en- suite étiré en lames de la largeur et de l'épaisseur des pièces qu'on veut frapper. Dans cette lame, un emporte- pièces découpe les rondelles qui doivent recevoir l'empreinte des coins ; on les ajuste ensuite, si cela est nécessaire, à l'aide de la lime ou du rabot, et on leur donne le poids légal. « On soumet ensuite les flans aux deux opérations du *cordonnage* et du *blanchiment*. Le *cordonnage* a pour objet de corriger les imperfections de la tranche et de relever légèrement les bords du flan, afin d'obtenir plus aisément l'empreinte des listels et grénetis, qui, lors de la frappe, ne reçoivent la pression qu'en dernier lieu, puisque, les coins étant toujours un peu bombés au centre, la ren- contre a lieu d'abord au milieu de la pièce... Le *blanchi- ment* donne aux flans d'or et d'argent ce brillant mat qui prête tant d'éclat aux espèces monnayées (F. Lenormant, *Monnaies et médailles*, p. 325).

La gravure des coins monétaires s'opère comme il suit : l'artiste graveur commence par exécuter en cire, en relief et en grandissement, le type qui doit figurer en creux sur le coin-matrice ; ce modèle en cire est reproduit, par le moyen de la fusion, en étain ou en cuivre ; puis, au moyen du *tour à réduire*, on en obtient une nouvelle reproduc- tion en acier, de la dimension de la pièce à frapper ; cette réduction, en relief comme un camée, après les retouches nécessaires, est soumise à la trempe et, ainsi durcie, devient le *poinçon* qui sert à la fabrication du *creux* ou *coin* monétaire. « Celui-ci s'obtient à l'aide du balancier, en enfonçant l'empreinte, qui est en relief sur le poinçon, dans un nouveau bloc d'acier, où elle se trouve reproduite en creux. Ce travail est des plus délicats, nécessite beaucoup de soins et ne peut être obtenu que petit à petit, en opérant à plusieurs reprises. Lorsque le coin est complètement enfoncé, on lui donne la trempe, et il ne reste plus qu'à le monter sur le balancier de la presse à vapeur pour s'en servir dans la frappe, qui constitue la dernière des opérations du monnayage. » (F. Lenormant.)

La loi du 6 pluviôse an II (25 janv. 1794) supprima tous les ateliers monétaires français, celui de Paris excepté. Mais une autre loi, du 22 vendémiaire an IV (14 oct. 1795) en rétablit huit pour la frappe des monnaies de bronze; puis l'arrêté du 10 prairial an XI (30 mai 1803) en fixa le nombre à 16. Les conquêtes du premier Empire augmentèrent temporairement le nombre de nos ateliers monétaires; plus tard, le perfectionnement de l'outillage et l'emploi de la vapeur permirent de supprimer successivement la plupart d'entre eux, ainsi qu'on s'en rendra compte dans le tableau qui suit. En 1871, il n'y avait plus, en France, que trois ateliers monétaires, Paris, Bordeaux et Strasbourg; la perte de l'Alsace-Lorraine nous enleva ce dernier; quant à celui de Bordeaux, il fut fermé le 31 janv. 1878, et Paris est resté depuis lors le seul atelier français.

Tout individu est libre d'apporter à l'Hôtel des monnaies les lingots, vaisselle, bijoux et autres objets d'or et d'argent qu'il désire faire convertir en monnaie. Il doit d'abord faire *essayer* et poinçonner ses métaux, c.-à-d. faire reconnaître leur titre, soit par le bureau de *la garantie*, soit par un essayeur connu et patenté. Il se présente ensuite avec son métal poinçonné au bureau du *change*, et, en retour du métal qu'il dépose, il reçoit un bon de remboursement *en espèces*, à quelques jours de vue. On ne lui retient que les frais de fabrication ou de *brassage* qui, aujourd'hui, sont minimes et fixés par un tarif. Dans les pays de l'Union latine, pour 1 kilogr. d'or, la Monnaie prélève 6 fr. 70 et rend 2.160 fr., et pour 1 kilogr. d'argent elle prélève 1 fr. 50 et rend 200 fr. Nous avons vu qu'au moyen âge, outre les frais de *brassage*, on payait le *seigneuriage*, sorte d'impôt, arbitrairement fixé et plus ou moins élevé, qui pouvait devenir une importante source de revenus pour les princes, évêques et barons ayant le *jus moneta* ; il donna lieu souvent aux abus les plus vexatoires.

Jusqu'en 1879, l'administration et la frappe des monnaies en France fut sous le régime de l'entreprise, c.-à-d. que l'Etat abandonnait à un manufacturier entrepreneur, moyennant un cautionnement, la charge de fabriquer et d'émettre la monnaie, ainsi que celle d'administrer le ser-

Fig. 16. — Vue de l'Hôtel des monnaies de Paris, d'après la médaille gravée lors de sa construction, en 1770.

vice des ateliers, à ses risques et périls. L'entrepreneur concessionnaire se chargeait de tous les frais d'achat des métaux, de main-d'œuvre et d'entretien des machines ; l'Etat faisait seulement contrôler le titre et le poids des pièces sortant de son usine. La rémunération de l'entrepreneur et ses bénéfices reposaient sur le droit de brassage. Depuis le 1ᵉʳ janv. 1880, en exécution d'une loi promulguée le 31 juil. 1879, la fabrication de nos monnaies et l'administration de l'Hôtel du quai Conti sont mises en régie ; le directeur n'est plus un entrepreneur, mais un fonctionnaire, régisseur au nom de l'État ; c'est un employé du gouvernement qui dirige les services d'une administration que lui confie le ministre des finances. Ce changement de régime a été le point de départ des transformations dans l'outillage dont nous avons parlé plus haut. Le dernier directeur-entrepreneur fut M. Ruau qui remplit ensuite les fonctions de directeur-régisseur jusqu'au 1ᵉʳ sept. 1891, époque où il fut remplacé par M. de Liron d'Airolles ; le successeur de ce dernier, nommé le 4 nov. 1893, est le directeur-régisseur actuel, le savant statisticien, M. A. de Foville.

Toute monnaie frappée dans le courant de ce siècle porte, comme garantie et contrôle, c.-à-d. comme *différents* monétaires, la lettre de l'atelier où a eu lieu l'émission, et en outre la signature ou l'emblème de deux personnages : le graveur général et le directeur de la fabrication. Nous allons, en conséquence, donner dans les tableaux qui suivent l'énumération des graveurs généraux de la monnaie française depuis 1795, ainsi que la liste des ateliers, de leurs directeurs, de leurs lettres monétaires et l'indication du temps pendant lequel ils furent ouverts.

XIX. Graveurs généraux des monnaies de 1795 à 1897. — Dupré (Augustin), de l'an IV à l'an XI (succéda à Benjamin Duvivier). Différent : *Petite figure debout, tirant de l'arc.* — Tiollier père (Pierre-Joseph), de l'an XI à 1816. Différent : sous le règne de Napoléon, *T* ; sous Louis XVIII, *tête de cheval*. — Tiollier fils (Nicolas-Pierre), de 1816 à 1842. Différent : sous Louis XVIII, *tête de cheval*; sous Charles X, *T*; sous Louis-Philippe, *étoile*. — Barre père (Jacques-Jean), de 1843 à 1855. Différent : *tête de lévrier*. — Barre fils (Désiré-Albert), de 1855 à 1878. Différent : *ancre*. — Barre fils (Auguste), en 1879. Différent : *ancre avec petite barre traversant l'anneau.* — Lagrange (Jean), de 1880 à 1896. Différent : *faisceau.* — Patey (Henri-Auguste-Jules), du 1ᵉʳ mai 1896 à 1897. Différent : *une torche.*

En 1870-71, pendant l'investissement de Paris, la monnaie de Bordeaux a frappé des pièces de 5 fr. et de 2 fr.

qui portent, à la place du différent de M. Albert Barre, la lettre M au centre d'une étoile. Enfin, au mois de déc. 1896, on a commencé à répandre dans le public les nouveaux types monétaires demandés par l'État à trois artistes éminents : MM. Chaplain pour les monnaies d'or, O. Roty pour les monnaies d'argent, et Daniel Dupuis pour les monnaies de bronze. Quelque remarquable qu'en soit l'exécution artistique, on peut regretter que les sujets n'en aient pas été empruntés à nos traditions nationales et qu'ils fassent plutôt songer à des jetons de fantaisie qu'à des monnaies françaises ; les contours peu accentués des types et des légendes, les détails trop finement étudiés ne répondent peut-être pas bien aux nécessités de la monnaie moderne : à l'usage on jugera si ces critiques sont justifiées (fig. 17, 18 et 19).

DIRECTEURS DE LA FABRICATION. — 1° *Paris*, seul hôtel monétaire en 1794 (lettre monétaire, A). — Roettiers, en l'an IV et l'an V. Différent : *corne d'abondance*. — De l'Espine (Charles-Pierre), de l'an V à 1820. Différent : *un coq*. — Collot (Jean-Pierre), de 1821 à 1842. Différent : *un C et une ancre entrelacés*. — De Cambry (Alain-Etienne-René), de 1843 à 1845. Différent : *proue de navire*. — Dierickx (Charles-Louis-Joseph), de 1855 à 1860. Différent : *une main indicative*. — Renouard de Bussierre (Alfred), de 1861 à 1879. Différent : *abeille*. — Camélinat, délégué de la Commune de Paris, en 1871. Différent : *un trident*. — La *régie*, substituée à l'entreprise par la loi du 31 juil. 1879, prend pour différent : *une corne d'abondance*.

2° *Rouen*. Atelier pour la fabrication de la monnaie de bronze (an IV). — Hôtel des monnaies (arrêté du gouvernement en l'an XI). — Fermé en 1847. — Rouvert de 1853 à 1857, pour la fabrication de la monnaie de bronze (lettre monétaire, B). — Lambert (Joseph), de l'an IV à 1817. Différents : De l'an IV à l'an XI, *un vase* ; de l'an XII à 1817, *mouton tenant une bannière*. Lambert fils (Alphonse), de 1818 à 1820. Différent : *mouton tenant une bannière*. — De Cambry (Alain-Etienne-René), de 1821 à 1844. Différent : *mouton tenant une bannière*. — Dierickx (Charles-Louis-Joseph), de 1845 à 1846. Différent : *une main indicative*. —

Dumas (Ernest), de 1853 à 1857. Différent : *un pic et une massue*.

3° *Lyon*. Hôtel des monnaies (loi du 22 vendémiaire an IV). — Fermé en 1858 (lettre monétaire, D). — Papet, de l'an IV à l'an VIII. Différent : *une levrette*. — Séguy, de l'an VIII à l'an XI. Différent : *SB entrelacés*. — Gabet père (Jean-Claude), de l'an XI à 1816. Différent : *abeille*. — Gabet fils (M. Joseph-Rainery), de 1817 à 1823. Différent : *abeille*. — Richard (Nicolas-Fleury), de 1824 à 1839. Différent : *arche de Noé*. — Richard (Paul), de 1839 à 1848. Différent : *une tour*. — Moine (Jean), de 1848 à 1857. Différent : *un lion*.

4° *La Rochelle*. Hôtel des monnaies (arrêté du 10 prairial an XI). — Supprimé par ordonnance royale du 16 nov. 1837 (lettre monétaire, H). — Séguy, de l'an XI à 1817. Différent : *SB entrelacés*. — Bernard (Denis-Samuel), de 1817 à 1823. Différent : *une lyre*. — Morel (Edmond), de 1824 à 1835. Différent : *un trident*.

5° *Limoges*. Atelier pour la fabrication de la monnaie de bronze (arrêté du 29 pluviôse an IV). — Hôtel des monnaies (arrêté du 10 prairial an XI). — Supprimé par ordonnance royale du 16 nov. 1837 (lettre monétaire, I). — Alluaud, de l'an IV à l'an VI. Différent : *un tournesol*. — Chevalier (Jacques-Léopold), de l'an VII à l'an X. Différent : *un tournesol*. — Chevalier (Jacques-Léopold), de l'an VII à l'an X. Différent : *un tournesol*. — Parant (Martial), de l'an XI à 1822. Différent : *deux mains jointes*. — Parant fils (Jean-Léobon), de 1823 à 1837. Différent : *deux mains jointes*.

6° *Bordeaux*. Hôtel des monnaies (loi du 22 vendémiaire an IV) (lettre monétaire, K. — Lhoste (Laurent-Bruno), de l'an IV à l'an XI. Différent : *une lampe antique*. — Duthil, de l'an XI à l'an XIII. Différent : *une lampe antique*. — Froidevaux, de l'an XIII à 1809. Différent : *un poisson*. — Vignes (Hugues), de 1809 à 1826. Différent : *feuille de vigne*. — Vignes (Alexandre-Raymond), de 1827 à 1859. Différent : *feuille de vigne*. — Dumas (Ernest), de 1860 à 1867. Différent : *un pic et une massue*. — Delebecque (Henri-Archange), en 1870. Différent : *croix tréflée*.

7° *Bayonne*. Hôtel des monnaies (loi du 22 vendémiaire an IV). — Supprimé par ordonnance royale du 16 nov. 1837 (lettre monétaire. L). — Laa (Ambroise), de l'an IV à l'an XI. Différent : *tête de lion.* — Darippe (Pierre-Romain), de l'an XI à 1809. Différent : *une tulipe.* — Darippe fils (P.-F.-Boniface), de 1810 à 1828. Différent : *une tulipe.* — Latrilhe (Pierre), de 1829 à 1835. Différent : *une rose.* — Docteur (Charles), de 1836 à 1837. Différent : *CD entrelacés.*

8° *Toulouse.* Atelier pour la fabrication de la monnaie de bronze (arrêté du 25 thermidor an IV). — Hôtel des monnaies (arrêté du 10 prairial an XI). — Supprimé par ordonnance royale du 16 nov. 1837 (lettre monétaire, M) : Dinlonhet, de l'an V à l'an XIII. Différent : *une vache.* Daumy, de l'an XIV à 1810. Différent : *un marteau.* Carayon-Talpayrac, de 1811 à 1822. Différent : *lettres CT entrelacées.* — Carayon-Talpayrac fils (J.-J.-M.-Philippe-Elisabeth), de 1823 à 1837. Différent : *CT entrelacés.*

9° *Perpignan.* Hôtel des monnaies (loi du 22 vendémiaire an IV). — Supprimé par ordonnance royale du 16 nov. 1837 (lettre monétaire, Q). — Dastros, en l'an IV. Différent : *grappe de raisin.* — De Sainte-Croix (J.-Marie), de l'an V à 1828. Différent : *grappe de raisin.* — De Lorme (Abel), de 1829 à 1837. Différent : *grappe de raisin.*

10° *Nantes.* Hôtel des monnaies (loi du 22 vendémiaire an IV). — Supprimé par ordonnance royale du 16 nov. 1837 (lettre monétaire, T). — Athénas, de l'an IV à 1817. Différent : *une ancre.* — Le Pot (Alexandre), de 1818 à 1825. Différent : *une clef.* — Olivier d'Assenoy (G. Laurent), de 1825 à1837. Différent : *branche d'olivier*

11° *Lille.* — Hôtel des monnaies (loi du 22 vendémiaire an IV). — Fermé en 1847. — Rouvert de 1853 à 1857 pour la monnaie de bronze (lettre monétaire, W). — Lepage (L.-François-Théophile), de l'an IV à 1816. Différent : *caducée.* — Beaussier (E.-J.-Alexandre), de 1815 à 1840. Différent : *caducée.* — Dierickx (Charles-Louis-Joseph), de 1840 à 1846. Différent : *une cornue.* — Kuhlmann (Charles-Frédéric), de 1850 à 1857. Différent : *lampe antique.*

12° *Strasbourg.* Hôtel des monnaies (loi du 22 vendémiaire an IV). — Séparé de la France en 1871 (lettre monétaire, BB). — Dubois, de l'an IV à l'an XII. Différent : *gerbe de blé*. — Dubois, fils (Jean-Georges), de l'an XII à 1825. Différent : *gerbe de blé*. — Livio (Dominique-Ignace), de 1825 à 1834. Différent : *un castor*. — Renouard de Bussierre (Alfred), de 1835 à 1860. Différent : *une abeille*. — Delebecque (Henri-Archange), de 1861 à 1870. Différent : *croix tréflée*.

13° *Marseille*. Hôtel des monnaies rétabli par la loi du 3 nivôse an IV. — Fermé en 1839. Rouvert de 1853 à 1857 pour la refonte du bronze (lettre monétaire, MA en monogramme). — Gaillard (Cyprien), de l'an IX à 1809. Différent : *étoile*. — Régis (Victor), de 1809 à 1823. Différent : V. R. Ricard père (Joseph-Auguste), de 1824 à 1829. Différent : *palmier*. — Ricard fils (Jacques-Henri-Auguste), de 1830 à 1839. Différent : *palmier*. — Baussier (Alexandre-Joseph), de 1853 à 1857. Différent : *coquille*.

14° *Genève*. Hôtel des monnaies réuni à la France en l'an VI. — Supprimé par décret impérial du 27 pluviôse an XIII (lettre monétaire, G). — Darbigny, de l'an VII à l'an XII. Différent : *un lion*. — Froidevaux, en l'an XIII. Différent : *un poisson*.

15° *Rome*. Maintenu comme Hôtel des monnaies de l'empire français (décret du 31 juil. 1811). — Séparé de la France en 1814 (lettre monétaire, R surmontée de la couronne impériale). — Mazzio, de 1812 à 1814. Différent : *la louve du Capitole*.

16° *Turin*. Hôtel des monnaies (arrêté du 10 prairial an XI). — Séparé de la France en 1814 (lettre monétaire, U. — Paroletti, de l'an XI à 1813. Différent : *un cœur*.

17° *Gênes*. Hôtel des monnaies établi par décret du 15 messidor an XIII. — Séparé de la France en 1814 (lettre monétaire, CC en l'an XIV, puis CL à partir de 1811). — Podesta, de 1811 à 1814. Différent : *proue de navire*.

18° *Utrecht*. Maintenu comme Hôtel des monnaies de l'empire français, par décret du 4 janv. 1811. — Séparé de la France en 1814 (signe monétaire, *un mât*). — Dumarchis-Servaas, de 1811 à 1814. Différent : *un poisson*.

XX. Tableau général des monnaies actuelles dans le monde entier. — Par suite d'un accord international

Fig. 17. — Nouvelle monnaie d'or française,
par M. Chaplain.

Fig. 18. — Nouvelle monnaie d'argent française,
par M. O. Roty.

Fig. 19. — Nouvelle monnaie de bronze française,
par M. Daniel Dupuy.

conclu par la Convention monétaire, en 1885 et 1893, et
suivant la proposition de l'Institut international de statistique siégeant à Berne, en sept. 1895, l'administration de
la Monnaie de Paris est chargée officiellement de publier
chaque année « un document statistique ayant pour objet
la production des métaux précieux, leur mouvement

Fig. 20. — Monnaie coloniale française
(Ile de la Réunion).

international et la consommation de l'or et de l'argent dans
les divers États, emploi industriel, monnayage, frai, etc. ».
Deux de ces rapports statistiques, extrêmement précieux,
ont déjà été publiés par M. A. de Foville, directeur de la
Monnaie, sous ce titre : *Rapport au ministre des finances* (1896 et 1897, 2 vol. in-8). C'est à ce travail, qui

Fig. 21. — Monnaie coloniale française
(Ile de la Martinique).

résume les opérations de la Monnaie de Paris et l'ensemble des faits économiques d'ordre monétaire, dans le
monde entier, que nous empruntons les éléments essentiels des tableaux qui suivent. On trouvera aussi des ren-
seignements précieux dans le grand recueil de M. Émile
Dewamin : *Cent ans de numismatique française, 1789-
1889* (Paris, in-fol. [2 vol. parus]).

I. *France.*

MÉTAL	NOMS DES PIÈCES	DIAMÈTRE des pièces	TITRE droit	TOLÉRANCE au-dessus et au-dessous	POIDS droit	TOLÉRANCE au-dessus et au-dessous	TOLÉRANCE accordée pour le frai au-dessous de la tolérance de fabrication	POUVOIR libératoire des pièces
		millimètres	milliemes	milliemes	grammes	milliemes	milliemes	
OR	100 francs.	35			32,2580	1	5	
	50 —	28			16,1290	1	5	
	20 —	21	900	1	6,4516	2	5	illimité.
	10 —	19			3,2258	2	5	
	5 —	17			1,6129	3	5	
ARGENT	5 —	37	900	2	25	3	10	illimité.
	2 —	27	835	3	10	5	10	limité à 50 fr.
	1 franc.	23	835	3	5	5	50	entre parti-
	50 centimes.	18	835	3	2,50	7	50	culiers.
	20 —	16	835	3	1	10	50	
BRONZE	10 —	30	Cuivre.. 95	Cuivre.. 10	10	10	»	limité à l'ap-
	5 —	25	Etain ... 5	Etain ... 5	5	10	»	point de la
	2 —	20	Zinc 1	Zinc 5	2	15	»	pièce de 5 fr.
	1 centime.	15			1	15	»	

II. *Colonies françaises.*

NOMS des COLONIES	MÉTAL	NOMS DES PIÈCES	DIAMÈTRE des pièces	TITRE droit	TITRE tolérance au-dessus et au-dessous	POIDS droit	POIDS tolérance au-dessus et au-dessous
			millimètres	millièmes	millièmes	grammes	millièmes
Indo-Chine........	Argent.	1 piastre.	30	960	3 millièmes au-dessus et 2 millièmes au-dessous	27	3
		50 100e de piastre.	29			13	3
		20 100e	26			5,40	5
		10 100e	19			2,70	7
	Bronze.	1 10e	27,5	Cuivre . 95 / Etain... 4 / Zinc.... 1	Cuivre . 10 / Etain... 5 / Zinc.... 5	7,50	10
		1 sapèque.	20			2	15
Tunisie...........	Or.	20 francs.	21	900	1	6,4516	2
		10 —	19			3,2258	
	Argent.	2 —	27	835	3	10	5
		1 franc.	23			5	7
		50 centimes.	18			2,50	
	Bronze.	10 —	30	Cuivre . 95 / Etain... 4 / Zinc.... 1	Cuivre . 10 / Etain... 5 / Zinc.... 5	10	10
		5 —	25			5	
		2 —	20			2	15
		1 centime.	15			1	
Grande-Comore.	Argent.	5 francs.	37	900	2	25	3
	Bronze.	10 centimes.	30	Cuivre . 95 / Etain... / Zinc.... 1	Cuivre . 10 / Etain... 4 / Zinc.... 5	10	5
	Bronze.	5 —	25			5	5
La Réunion.......		Bon de caisse de 1 franc.	25	Nickel . 25	»	4,50	»
		— de 50 centimes.	22	Cuivre . 75	»	2,50	»
Martinique......		Bon de caisse de 1 franc.	26	Nickel . 15	»	8	»
		— de 50 centimes.	22	Cuivre . 85	»	5	»

III. *Italie, Suisse, Belgique, Grèce, Monaco.* L'Italie, comme la France et les autres pays de l'Union latine constituée en 1865, a des monnaies dont l'unité est la *lira* ou franc de 100 centimes (*centesimi*). Le poids, le titre, le module des pièces italiennes sont les mêmes qu'en France ; la série des pièces est aussi la même qu'en France,

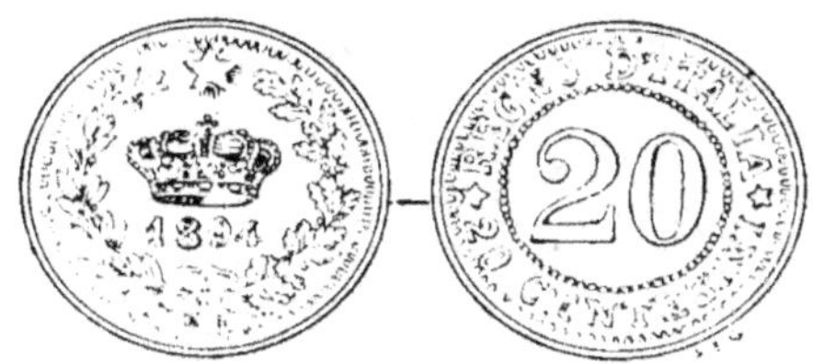

Fig. 22. — 20 centesimi en nickel (Italie).

mais il y a, en plus, depuis 1894, une pièce de *20 centesimi* en nickel. L'Italie fait frapper enfin des thalers à l'effigie de Marie-Thérèse et d'autres monnaies d'argent et de bronze pour sa colonie de l'Érythrée et ses relations avec l'empire d'Éthiopie ; la république de Saint-Marin continue à frapper des bronzes de 10 *centesimi* et de 5 *centesimi*.

La Suisse et la Belgique ont le même système monétaire que la France, sauf que les pièces de 20 centimes,

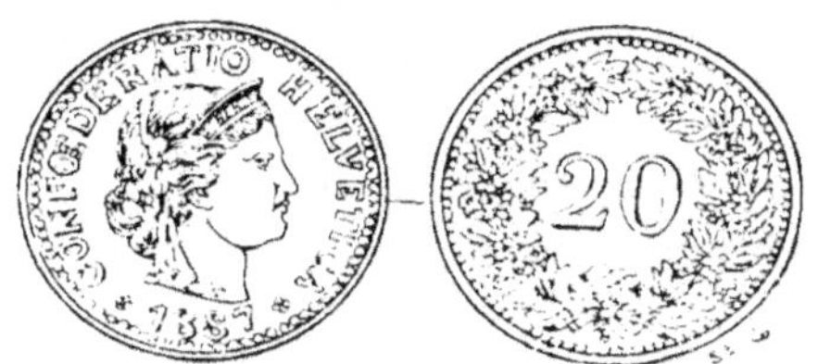

Fig. 23. — 20 centimes en nickel (Suisse).

de 10 centimes, de 5 centimes sont en nickel et non plus en bronze.

La Grèce, qui fait aussi partie de l'Union latine, a le même système monétaire ; l'unité est la drachme ou franc : elle frappe des monnaies d'or de 100, 50, 25, 10 et 5 drachmes, des monnaies d'argent de 5, 2 et 1 drachmes ;

de 50 et 20 *lepta* ; les monnaies de bronze sont remplacées, depuis 1893, par des monnaies de nickel de 20 lepta, 10 lepta et 5 lepta (le lepton équivaut à notre centime).

La principauté de Monaco fait frapper à la Monnaie de Paris des monnaies dans le système français, à l'effigie et aux armes du prince régnant ; elles sont admises dans les caisses publiques **en France**.

Fig. 24. — 10 lepta en nickel (Grèce).

IV. *Angleterre*. L'Angleterre est sous le régime de l'étalon unique d'or, depuis 1816. L'unité monétaire est la livre sterling (*pound*) qui vaut 25 fr. 22, et est divisée en 20 shillings ; le shilling vaut 1 fr. 16, et

Fig. 25. — Souverain d'or (1 livre sterling) Angleterre.

il est divisé à son tour en 12 pence (loi du 4 avr. 1870).

MÉTAL	NOMS DES PIÈCES	DIAMÈTRE des pièces	TITRE	POIDS	POUVOIR libératoire des pièces
		millim.		grammes	
OR	Cinq livres......	36,2	11/12es d'or fin ou 916mil,66	39,94028	illimité.
	Deux livres......	29,4		15,97611	
	Souverain (1 livre	22		7,98805	
	Demi-souverain.	19,3		3,99402	

MÉTAL	NOMS DES PIÈCES	DIAMÈTRE des pièces	TITRE	POIDS	POUVOIR libératoire des pièces
ARGENT	Couronne.........	38,8	37 10^{es}	28,27590	
	Double-florin ...	36,1	d'argent fin	22,62072	
	Demi-couronne.	32,3	ou 925	11,13795	
	Florin.............	28,5	millièmes.	11,31036	
	Shilling	23,5		5,65518	limité à
	Six pence........	19,5		2,82759	40 shillings
	Quatre pence...	17,5		1,88506	
	Trois pence.....	16,3		1,41379	
	Deux pence.....	13,5		0,94253	
	Penny	11		0,47126	
BRONZE	Penny..........	31	»	9,11984	limité à un
	Demi-penny	25	»	5,66990	shilling
	Farthing........	20	»	2,83495	

V. *Espagne*. Depuis la loi du 19 oct. 1868, l'unité monétaire de l'Espagne est la *peseta* de 100 *centimos*, égale à notre franc de 100 centimes.

MÉTAL	NOMS DES PIÈCES	DIAMÈTRE des pièces	TITRE	POIDS
		millim.	millièmes	grammes
OR	100 pesetas.	35		32,2580
	50 —	28		16,1290
	25 —	21		8,0645
	20 —	21	900	6,4516
	10 —	19		3,2258
	5 —	17		1,6129
ARGENT.	5 —	37		25
	2 —	27		10
	1 peseta.	23	835	5
	50 centimos.	18		2,50
	20	16		1
BRONZE.	10 —	30	Cuivre. 95	10
	5 —	25	Etain .. 4	5
	2 —	20	Zinc ... 1	2
	1 centimo.	15		1

Depuis le 15 févr. 1891, les pièces d'or de 20 et de 10 pesetas sont admises en France dans les caisses publiques. L'ancienne piastre espagnole aux colonnes d'Hercule

Fig. 26. — 25 pesetas. Or (Espagne).

Fig. 27. — Piastre aux colonnes d'Hercule, de Charles III d'Espagne.

(fig. 27) qui a eu une vogue immense dans les siècles derniers en Afrique, en Asie et en Amérique, circule encore découpée en morceaux chez les peuplades du continent africain, où nos voyageurs sont parfois très surpris de la rencontrer.

VI. *Portugal.* La loi du 29 juil. 1854 a établi en Por-

Fig. 28. — Couronne d'or (Portugal).

Fig. 29. — Teston d'argent (Portugal).

tugal l'étalon d'or unique. Le *milreis* (1.000 *reis*) est l'unité de compte ; il vaut 5 fr. 60. Un décret du 21 mai 1896 a autorisé la frappe de monnaies d'argent commémoratives du quatrième centenaire du départ de Vasco de Gama pour l'Inde.

MÉTAL	NOMS DES PIÈCES	DIAMÈTRE des pièces	POIDS	TITRE
		millim.	gr.	millièmes
OR	Couronne ou 10 milreis........	30	17,735	916 2 3.
	1 2 couronne ou 5 milreis......	23	8.868	
	1 5 couronne ou 2 milreis......	18,5	3.547	
	1 10 couronne ou 1 milreis......	11	1,771	
ARGENT	5 testons ou 500 reis..........	30	12,5	916 2 3.
	2 testons ou 200 reis..........	23	5	
	1 teston ou 100 reis..........	18,5	2,5	
	1 2 teston ou 50 reis..........	11	1,25	
BRONZE	20 reis..........	30	12	Cuivre . 96
	10 —	25	6	Étain . 2
	5 —	20	3	Zinc ... 2

VII. *Allemagne*. L'Allemagne est sous le régime de l'étalon d'or unique depuis la loi du 4 déc. 1871, complétée par la loi du 9 juil. 1873. Le *Reichsmark* ou

Fig. 30. — Double couronne d'or 20 marks Allemagne.

mark de l'Empire, unité monétaire, est divisé en 100 pfennigs et il vaut 1 fr. 235. La pièce d'or de 20 marks vaut 24 fr. 69 ; la pièce d'argent de 5 marks vaut 5 fr. 555.

MÉTAL	NOMS DES PIÈCES	DIAMÈTRE des pièces	TITRE	POIDS	POUVOIR libératoire des pièces
		millim.	millièmes	gr.	
OR	20 marks.	22,50		7,965	
	10 —	19,50	900	3,982	illimité.
	5 —	17		1,991	
ARGENT	5 —	38		27,778	
	2 —	28		11,111	
	1 mark.	24	900	5,556	limité à 20 marks.
	50 pfennigs	20		2,778	
	20 —	16		1,111	
NICKEL	20 —	23	Nickel . 25	6,250	
	10 —	21	Cuivre . 75	4	
	5 —	18		2,500	
BRONZE	2 —	20	Cuivre . 95 Etain .. 4	3,333	limité à un mark.
	1 pfennig.	17,50	Zinc ... 1	2	

VIII. *Pays-Bas.* L'unité de compte des Pays-Bas est le *florin* (*gulden*) qui vaut 2 fr. 10 ; il est divisé en

Fig. 31. — 10 florins ou gulden (Hollande).

Fig. 32. — Florin ou gulden d'argent (Hollande)

100 *cents*. Le double ducat d'or vaut 23 fr. 66. L'atelier monétaire unique est à Utrecht.

MÉTAL	NOMS DES PIÈCES	DIAMÈTRE des pièces	TITRE	POIDS
		millim.	millièmes	gr.
OR......	Double-ducat.	26	983	6,988
	Ducat.	21		3,194
	10 florins.	22.5	900	6,720
				25
ARGENT.	2 florins 1/2.	38		
	1 florin (gul-den).	28	945	10
	1/2 florin.	22		5
	25 cents.	19		3,575
	10 —	15	640	1,40
	5 —	12.5		0,685
BRONZE.	2 cents 1/2.	23,5	Cuivre. 95	4
	1 cent.	19	Étain .. 4	2,5
	1/2 cent.	11	Zinc ... 1	1,25

Indes néerlandaises

MÉTAL	NOMS DES PIÈCES	DIAMÈTRE des pièces	TITRE	POIDS
ARGENT.	1/4 de florin.	19		3.18
	1/10 de florin.	15	720	1,25
	1/20 de florin.	12,5		0,61
CUIVRE.	2 cents 1/2.	31		12,5
	1 cent.	23.5	Cuivre pur	4,8
	1/2 cent.	17		2,3

IX. *États scandinaves.* Une convention monétaire analogue à l'Union latine existe pour les pays scandinaves (Suède, Norvège et Danemark) depuis 1873. L'étalon adopté est l'étalon d'or unique ; l'unité de compte est la *couronne* (*krona*) qui vaut 1 fr. 33 ; elle est divisée en 100 *öre* ; la pièce d'or de 20 couronnes vaut 27 fr. 77. Suivant les pays, les pièces portent des légendes et des types danois, suédois ou norvégiens, mais les divisions, le poids et le titre sont les mêmes.

MÉTAL	NOMS DES PIÈCES	DIAMÈTRE des pièces	TITRE	POIDS
		millim.	millièmes	gr.
OR......	20 couronnes.	23		8,9606
	10 —	18	900	4,4803
	5 —	16		2,24015
ARGENT.	2 —	31	800	15
	1 couronne.	25		7,50
	50 öre.	22	600	5
	25 —	17		2.42
	10 —	15	400	1,15
BRONZE.	5	27	Cuivre. 95	8
	2	21	Etain .. 4	4
	1 öre.	16	Zinc ... 1	2

X. *Russie*. Un oukase du 3-15 janv. 1897 a modifié profondément le système monétaire de l'empire russe. L'unité monétaire reste le *rouble* de 100 kopeks, mais les pièces d'or repré-

Fig. 33. — Impériale d'or (Russie).

Fig. 34. — Rouble d'argent (Russie).

sentent, non plus 15 1/2, mais 23 fois 1 4 la valeur des pièces d'argent. Le rouble argent, au lieu de valoir 4 fr., au pair français, ne vaut plus que 2 fr. 66, dans le nouveau système.

MÉTAL.	NOMS DES PIÈCES	DIAMÈTRE des pièces	TITRE	POIDS
		millim.	millièmes	gr.
OR	Impériale.	24,4	900	12.9036
	Demi-impériale.	21.3		6.4518
ARGENT.	Rouble.	33,5	900	20
	50 kopeks.	26,7		10
	25 —	22.6		5
	20 —	21.8		3.599
	15 —	19.5	500	2.699
	10 —	17.3		1,799
	5 —	15		0.899
CUIVRE ROUGE.	5 —	32		15,38
	3 —	27.7		9,83
	2 —	23,9		6,55
	1 kopek.	21.3		3,28
	Demi-kopek.	16		1,64
	1/4 de kopek.	13		0,82

XI. *Finlande*. Le grand-duché de Finlande est soumis à un régime monétaire spécial régularisé par une loi du 9 août 1877 ; le système repose sur l'étalon d'or ; l'unité monétaire est le *mark* de 100 *penni*.

MÉTAL	NOMS DES PIÈCES	TITRE	POIDS
		millièmes	grammes
OR	20 marks.	900	6.451
	10 —	900	3.225
ARGENT	2 —	868	10.365
	1 mark.	868	5,1828
	50 penni.	750	2.5194
	25 —	750	1.2747
BRONZE	10 —	"	12,7978
	5 —	"	6,3984
	1 —	"	1,2796

XII. *Autriche-Hongrie*. L'empire austro-hongrois est
sous le régime de l'étalon d'or unique depuis la loi du
2 août 1892. L'unité monétaire est la *couronne* qui vaut

Fig. 35. — Ducat d'or (Autriche).

Fig. 36. — 20 hellers en nickel (Autriche).

Fig. 37. — 20 hellers en nickel (Hongrie).

1 fr. 23 et qui se divise en 100 *hellers*. Les pièces d'or
de 8 et de 4 florins sont identiques à nos pièces de 20 et
de 10 fr. et sont admises en France depuis 1874.

MÉTAL	NOMS DES PIÈCES	DIAMÈTRE des pièces	TITRE	POIDS
		millim.	millièmes	gr.
OR	20 couronnes ou 8 florins.	21	900	6,1516
	10 couronnes ou 4 florins.	19	900	3,2258
ARGENT.	Florin (2 couronnes).	29	900	12.3157
	Couronne.	23	835	5
	10 kreutzers.	18	500	4
	10 —	18	400	3,333
	5 —	15	375	2.666
NICKEL...	20 hellers.	21	Pur.	4
	10 —	19	Pur.	3
CUIVRE .	1 kreutzer.	19	Pur.	3,333
	1 2 kreutzer.	17	Pur.	1,666
BRONZE.	2 hellers.	19	Cuivre . 95 Etain .. 4 Zinc.... 1	3.333
	1 heller.	17		1.666

Il est frappé deux types de chacune de ces pièces : l'un est spécial à l'Autriche et porte les armes impériales ; l'autre est spécial au royaume de Hongrie dont il porte les armes ; les légendes sont, sur les premières, en allemand, sur les secondes, en hongrois. Les pièces de 10 et 5 kreutzers en argent seront retirées de la circulation en 1898. L'Autriche-Hongrie frappe encore des thalers à l'effigie de Marie-Thérèse (appelés *talaris*) et au millésime de 1780, exportées en Éthiopie et dans le reste de l'Afrique orientale.

XIII. *Serbie*. Une loi du 10 déc. 1878 a établi dans ce pays un système monétaire analogue à celui de l'Union latine. L'unité de compte est le *dinar* ou franc qui se divise en 100 *paras* ou centimes ; la pièce d'or de 20 dinars est identique à notre pièce d'or de 20 francs ; la pièce d'argent de 5 dinars est pareille à notre pièce de 5 francs. Les monnaies de nickel ont été créées par la loi du 1er janv. 1883.

Fig. 38. — 10 paras en nickel (Serbie).

MÉTAL	NOMS DES PIÈCES	DIAMÈTRE des pièces	TITRE	POIDS
		millim.	millièmes	gr.
OR	20 dinars.	21	900	6,4516
	10 —	19		3,2258
ARGENT.	5 —	37	900	25
	2 —	27		10
	1 dinar.	23	835	5
	50 paras.	18		2,5
NICKEL ..	20 —	22	Cuivre. 75	6
	10 —	20	Nickel . 25	4
	5 —	17		3
BRONZE.	10 —	30	Cuivre. 95	10
	5 —	25	Étain .. 4	5
	1 para.	15	Zinc ... 1	1

XIV. *Bulgarie et Roumanie*. La Roumanie et la Bulgarie font frapper, comme la Serbie, des monnaies natio-

Fig. 39. — 20 bani en nickel (Bulgarie).

nales suivant le système de l'Union latine ; leur unité monétaire est le *leu* qui a le poids et le titre de notre franc ; la pièce d'or de 20 leva est pareille à notre pièce de 20 francs.

MÉTAL	NOMS DES PIÈCES	POIDS	TITRE
		grammes.	millièmes
OR...............	100 leva.	32,258	
	20 —	6,4516	900
	10 —	3,2258	
			900
ARGENT..........	5 —	25	
	2 —	10	
	1 leu.	5	835
	1/2 leu.	2,50	
BRONZE..........	1 banu.	»	»
	2 bani.	»	»

La Bulgarie a aussi des pièces de 20, 10, 5 et 2 1 2 centimes (*bani*) en nickel.

XV. *Empire ottoman*. La monnaie de compte dans

l'empire ottoman est la *piastre turque* de 40 *paras*

Fig. 40. — 500 gurusch ou piastres. Or (Turquie).

Fig. 41. — Livre turque en or ou 100 piastres (Turquie).

Fig. 42. — Piastre turque (gersch). Argent.

ou 100 aspres ; la piastre vaudrait au pair 0 fr. 2278 de notre monnaie.

MÉTAL	NOMS DES PIÈCES	DIAMÈTRE des pièces	TITRE	POIDS
		millim.	millièmes	gr.
OR......	500 piastres.	35		36,082
	250 —	27,2		18.041
	100 — medjidié.	22,5	916,66	7.216
	50 piastres medjidié.	18		3,608
	25 piastres medjidié.	11.75		1.804
ARGENT.	20 piastres.	37		24,055
	10 —	27,25		12,027
	5 —	31	830	6,013
	2 —	18,75		2.405
	1 piastre.	15		1.202
	1 2 piastre.	13.75		0.601
CUIVRE ou BRONZE	40 paras.	»	Cuivre pur ou bronze a 95 °/₀ de cuivre	21,386
	20 —	»		10.693
	10 —	»		5.347
	5 —	»		2,673
	1 para.	»		0.531

XVI. *Egypte*. La loi du 14 nov. 1885 a établi pour unité monétaire la *livre égyptienne* de 100 piastres ; la

Fig. 43. — 5 ochr' el-guerche en nickel (Egypte).

piastre se divise en 10 *ochr'el-guerche* (dixièmes). En monnaie française la livre égyptienne vaudrait au pair 25 fr. 61.

MÉTAL	NOMS DES PIÈCES	DIAMÈTRE des pièces	TITRE	POIDS
		millim.	millièmes	gr.
OR	Livre (100 piastres)	24		8,5
	50 piastres.	»		4,25
	20 —	»	875	1,70
	10 —	»		0,85
	5 —	»		0,425
ARGENT.	20 —	40		28
	10 —	33		14
	5 —	26	833 1 3	7
	2 —	19		2,80
	1 piastre.	16		1,40
NICKEL .	5 ochr'el-guerche.	21	Nickel. 25	4
	2 —	18	Cuivre. 75	2
	1 —	14,5		1,75
BRONZE.	1 2 —	20	Cuivre. 95 / Etain .. 4	3,333
	1 4 —	17,5	Zinc ... 1	2

XVII. *Maroc, Tunisie et autres pays d'Afrique*. Pour le commerce extérieur, on compte au Maroc en piastres fortes (*réal*) d'Espagne, divisées en 100 *centavos*. Dans

l'intérieur du pays, l'unité est le metikal qui vaut environ
une demi-piastre espagnole, soit 2 fr. 63.

Or	Madridia ou doublon (10 piastres)..	52 fr.	50
	Bendoki ou bataca (2 piastres).....	10 fr.	50
	Demi-bendoki ou piastre.........	5 fr.	26
Argent	Metikal ou demi-piastre.........	2 fr.	63
	Blanquillo ou muzuna.........	0 fr.	06

Fig. 44. — Roupie de la Société anglaise de l'Est africain.

Avant la conquête française, on comptait en Tunisie en
piastres et en carroubas qu'on trouve encore en usage chez

Fig. 45. — Roupie de la Société allemande de l'Est africain.

les indigènes. La piastre tunisienne vaut 0 fr. 65 et se
divise en 16 *carroubas* ; le carroub vaut 4 cent. ; les

indigènes donnent le même nom à notre pièce de 5 cent.
(V. ci-dessus le tableau des monnaies coloniales françaises).
Les établissements coloniaux des divers États de l'Europe
en Afrique ont aussi leurs monnaies spéciales analogues à
celles des colonies françaises. Nous donnons, à titre de
spécimens, les roupies des factoreries anglaises et alle-
mandes de la côte orientale de l'Afrique (fig. 44 et 45).

XVIII. *Perse*. En 1879, la Perse qui, jusque-là, comptait en thomans de 100 *chahis* (le thoman valant 11 fr. 88),

Fig. 46. — Double thoman d'or (Perse).   Fig. 47. — Kran d'argent (Perse).

commença l'émission de nouvelles monnaies suivant le
système français :

$$
\text{Or}
\begin{cases}
2 \text{ thomans } (5^{gr},76) \dots\dots\dots\dots = 20 \text{ fr.} \\
1 \text{ thoman } (2^{gr},88) \dots\dots\dots\dots = 10 \text{ fr.} \\
1/2 \text{ thoman } (1^{gr},44) \dots\dots\dots\dots = 5 \text{ fr.} \\
2 \text{ krans } (0^{gr},575) \dots\dots\dots\dots = 2 \text{ fr.}
\end{cases}
$$

$$
\text{Argent}
\begin{cases}
2 \text{ krans } (9^{gr},20) \dots\dots\dots\dots = 2 \text{ fr.} \\
1 \text{ kran } (4^{gr},60) \dots\dots\dots\dots = 1 \text{ fr.} \\
1/2 \text{ kran } (2^{gr},30) \dots\dots\dots\dots = 0 \text{ fr. } 50 \\
1/4 \text{ de kran } (1^{gr},15) \dots\dots\dots\dots = 0 \text{ fr. } 25
\end{cases}
$$

$$
\text{Bronze}
\begin{cases}
4 \text{ chahis ou abassi } (1/5 \text{ de kran}). \\
2 \text{ chahis ou sanar } (1/10 \text{ de kran}). \\
1/2 \text{ chahi ou pûl } (1/40 \text{ de kran}). \\
1/4 \text{ chahi ou } 1/2 \text{ pûl ou jindek } (1/80 \text{ de kran}).
\end{cases}
$$

XIX. *Inde anglaise*. L'unité monétaire de l'Inde anglaise est la *roupie*, qui se divise en 16 *annas* ou

Fig. 48. — Mohur d'or (Inde anglaise).

192 pice. La roupie vaut, au pair, 2 fr. 38 ; le mohur vaut 36 fr. 82.

MÉTAL	NOMS DES PIÈCES	DIAMÈTRE des pièces	TITRE	POIDS
		millim.	millièmes	gr.
Or	1 mohur ou 15 roupies..................	26	916,66	11,663
	2/3 mohur ou 10 roupies	22		7,776
	1/3 mohur ou 5 roupies..................	19,5		3,888
Argent.	Roupie..................	30	916,66	11,664
	1/2 roupie ou 8 annas.	24		5,832
	1/4 roupie ou 4 annas.	19		2,916
	1/8 roupie ou 2 annas.	15		1,458
Cuivre.	2 pice ou 1/2 anna	31	»	12,960
	Pice ou 1/4 anna.....	25	»	6,480
	1/2 pice ou 1/8 anna..	21	»	3,240
	1 pice ou 1/12 anna...	17	»	2,160

XX. *Siam*. Pour le commerce extérieur, on compte en piastres ou dollars mexicains de 5 fr. 43, divisés en 100 *cents*. Pour l'intérieur, on a les monnaies suivantes, frappées sur le modèle des pièces françaises et portant, sur une face, le sceau royal, et sur l'autre l'éléphant siamois.

Argent {
Tikal pesant 15 gr. au titre de
900 millièmes. . . . . = 3 fr. 25
Salung ou 1/4 de tikal. . . . . = 0 fr. 81
Fuang ou demi-salung. . . . . = 0 fr. 40

Cuivre : le pie ou 1/4 de fuang. . . . . = 0 fr. 10
Étain : l'att ou demi-pie. . . . . = 0 fr. 05

XXI. *Chine*. En dehors de la sapèque ou cash, il n'y a pas de monnaie réelle pour l'intérieur de ce pays. Le taël ou liang est un poids variable suivant les provinces,

Fig. 49. — Sapèque chinoise.

mais toujours divisé en 10 maces et 100 candarins. Dans les douanes, il est officiellement estimé à 38gr,20 ; ce taël de douane *kraï-ping*) est converti, dans chaque port, en la monnaie de compte usitée sur la place, suivant un rapport fixé par le trésorier local.

À Canton, le taël est estimé 1 piastre 1/2 (8 fr. 10) ; à Changhaï, 1 piastre 4/10 (7 fr. 56) ; à Ningpo, 1 piastre 1/3 (7 fr. 20), etc.

Dans l'intérieur du pays, l'or et l'argent circulent en lingots qu'on pèse en taëls. La sapèque est une monnaie composée de 3 parties de cuivre et de 2 parties d'étain ; elle est percée d'un trou carré ; elle vaut moins que notre

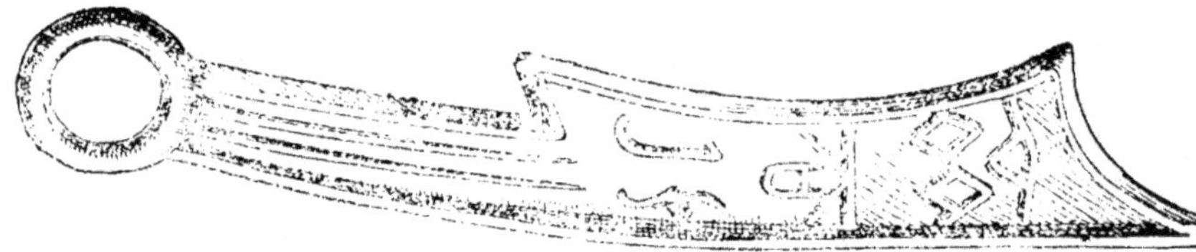

Fig. 50. — Ancienne sapèque chinoise en forme de couteau.

centime. Cent sapèques liées ensemble s'appellent une *ligature* ou *mace* ; une ligature de 1.000 sapèques prend le nom de *chouan* ou *tiao*. Le commerce avec l'extérieur emploie souvent la piastre espagnole ou mexicaine : 100 piastres sont estimées 72 taëls ; le rouble russe et le trade dollar américain sont aussi usités sur certains marchés. Depuis 1890, dans les provinces qui sont en relations commerciales avec les pays européens, on fait usage aussi de monnaies chinoises en argent, frappées à Canton et à

Fig. 51. — Lingot d'argent d'un taël servant de monnaie en Chine.

Wuchang. Ce sont les cinq divisions suivantes, dont la valeur est calculée en fractions de taël :

La piastre, de même dimension que la piastre mexicaine, qui vaut 7 maces 3 candarins ; la demi-piastre (3 maces 6 candarins) ou 50 cents ; la pièce de 20 cents qui vaut 1 mace 4 3 5 candarins ; la pièce de 10 cents (7 candarins 3/10) ; la pièce de 5 cents (3 candarins 63).

XXII. *Japon*. Une loi du mois de mars 1897, exécu-

Fig. 52. — Yen d'or (Japon).

Fig. 53. — Yen d'argent (Japon).

toire le 1er oct. 1897, transforme le régime monétaire du

Japon ; elle suspend la frappe du *yen* d'argent, établit

Fig. 54. — 5 sen en nickel (Japon).

l'étalon d'or unique et fixe la frappe des unités suivantes :

MÉTAL	NOMS DES PIÈCES	TITRE	POIDS
		millièmes	grammes
OR..............	20 yen. 10 — 5 —	900	16,6665 8,3333 4,1666
ARGENT	50 sen. 20 — 10 —	800	13,4783 5,3914 2,6955
BRONZE..........	1 sen. 5 rin.	Cuivre. 95 Étain.. 4 Zinc.... 1	7,1280 3,5640
NICKEL	5 sen.	Cuivre. 75 Nickel. 25	4,6654

XXIII. *États-Unis et Canada*. L'unité monétaire

Fig. 55. — Aigle d'or (États-Unis).

est le *dollar*, divisé en 100 *cents*. La valeur du dollar

d'or, au pair, est de 5 fr. 183 ; le rapport de valeur

Fig. 56. — Trade dollar (États-Unis).

entre l'or et l'argent monnayé est de 1 à 15,50.

Fig. 57. — Demi-dollar (États-Unis).

Au Canada, colonie anglaise, le dollar d'or américain

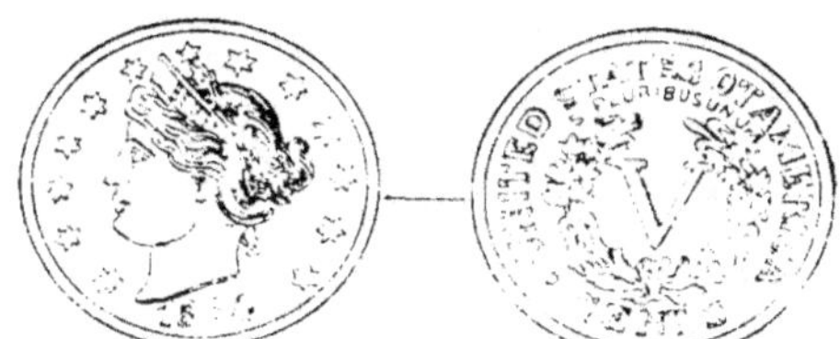
Fig. 58. — 5 cents en nickel (États-Unis).

est l'unité monétaire : le *souverain* anglais a cours légal pour 4 dollars 866 ; les monnaies d'appoint sont dans le système anglais.

MÉTAL	NOMS DES PIÈCES	DIAMÈTRE des pièces	TITRE	POIDS
		millim.	millièmes	gr.
OR	Double aigle (20 dollars)........	31		33,136
	Aigle (10 dollars).	27		16,718
	Demi-aigle (5 dollars)..........	22	900	8,539
	Quart d'aigle (2 1,2 dollars).......	18		4,179
	Dollar	13		1,672
ARGENT.	Dollar	38		26,729
	Demi-dollar	30	900	12,500
	Quart de dollar..	21		6,250
	Dime...	18		2,500
NICKEL..	5 cents	21	Cuivre . 75 / Nickel . 25	5
BRONZE..	1 cent........	19	Cuivre . 95 / Étain et zinc.. 5	3.110

XXIV. *Mexique*. L'unité monétaire du Mexique est le

Fig. 59. — Peso d'oro ou piastre mexicaine.

peso d'argent ou piastre mexicaine, divisé en 100 *centavos* :

sa valeur au pair, en monnaie française, serait de 5 fr. 43.
Des monnaies de nickel ont été fabriquées de 1881 à 1886,
mais retirées ensuite de la circulation.

MÉTAL.	NOMS DES PIÈCES	DIAMÈTRE des pièces	TITRE	POIDS
		millim.	millièmes	gr.
OR	20 pesos.	34		33,841
	10 —	27		16,920
	5 —	22	875	8,460
	2 1/2 —	18		4,23
	1 peso.	15		1,692
ARGENT.	1 —	39		27,073
	50 centavos.	30		13,536
	25 —	25	902.777	6,768
	10 —	17		2,707
	5 —	14		1,353
CUIVRE.	1 centavo.	25	Cuivre pur.	8

XXV. *Brésil*. Au Brésil, on compte en milreis de 2 fr. 83,
c.-à-d. environ la moitié du milreis portugais. Mille mil-

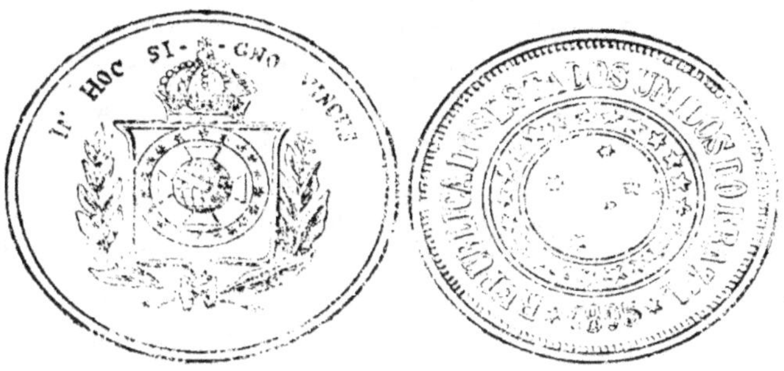

Fig. 60. — Milreis d'argent (Brésil). Fig. 61. — 200 reis en nickel (Brésil).

reis ou un million de reis s'expriment par l'expression un
conto de reis, qui vaut 2.830 fr. En 1893, on a frappé
des monnaies de nickel.

MÉTAL	NOMS DES PIÈCES	POIDS	TITRE	VALEUR intrinsèque en francs
		gr.		francs
OR	20 milreis.	17,929	11 12es	56 60
	10 —	8,964	»	28 30
	5 —	4,482	»	14 15
ARGENT	2 —	25,500	11 12es	5 19
	1 —	12,750	»	2 59
	500 reis.	6,375	»	1 29

XXVI. *Vénézuéla*. La loi du 23 mars 1857 a introduit
dans ce pays le système français : la piastre d'or vaut
5 fr. ; elle est divisée en 10 *reaux* et 100 *centavos*.

MÉTAL	NOMS DES PIÈCES	POIDS	TITRE	VALEUR en francs
		gr.	millièmes	francs
OR	Bolivar ou 20 venezolanos	32,258	900	100
	Doublon d'or ou 10 venezolanos.	16,129	»	50
	Ecu ou 5 venezolanos	8,065	»	25
	Piastre d'or ou venezolano.	1,612	»	5
ARGENT	Venezolano	25	900	5
	1 2 venezolano ou 50 centavos	12,50	835	2 50
	2 decimos ou 20 centavos	5	»	1
	1 decimo ou 10 centavos	2,50	»	0 50
	5 centavos	1,25	»	0 25

La Colombie, depuis la loi du 9 juin 1871, a le même
système que le Vénézuéla ; le *peso* d'argent correspond à

notre pièce de 5 fr. et la pièce de 20 pesos en or à notre pièce d'or de 100 fr. ou au bolivar du Vénézuéla. La

Fig. 62. — 2 1/2 centavos en nickel (Colombie).

Fig. 63. — Demi-réal en nickel (Honduras).

République de Honduras a le même système monétaire.

XXVII. *République de l'Equateur.* D'après la loi du 1er avr. 1884, l'unité monétaire de ce pays est le *sucre* d'argent (du nom du président, le maréchal Sucre); cette piastre vaudrait, au pair, 5 fr. en monnaie française.

MÉTAL	NOMS DES PIÈCES	DIAMÈTRE des pièces	TITRE	POIDS
		millim.	millièmes	gr.
Or	Double condor.	34		32,25806
	Condor.	26		16,12903
	Doublon.	21	900	6,45161
	1 5 de condor.	16		3,22580
	1 10 de condor.	13		1,61290
Argent..	Sucre.	37		25
	Demi-sucre.	30		12,50
	2 10 de sucre.	23	900	5
	1 10 —	18		2,50
	1 20 —	14		1,25
Nickel...	Demi-décime.	11	»	7

XXVIII. *Pérou.* Le Pérou a le système monétaire français ; on compte en soleils ou sols, en deniers ou dineros

Fig. 64. — 20 centavos en nickel (Pérou).

et en centavos ou centimes ; le soleil, unité monétaire, équivaut à notre pièce de 5 fr.

MÉTAL	NOMS DES PIÈCES	POIDS	TITRE	VALEUR en francs
		gr.	millièmes	francs
OR	20 soleils.	32.258		100
	10 —	16,129		50
	5 —	8.061	900	25
	2 —	3.226		10
	1 soleil.	1.613		5
ARGENT ..	1 —	25		5
	Demi-soleil.	12.50		2 50
	1 5 de soleil.	5	900	1
	1 denier.	2,50		0 50
	Demi-denier.	1.25		0 25

XXIX. *Chili.* L'unité monétaire du Chili est le *peso* de 100 *centavos* ou piastre ; il n'existe point, dit M. de Foville, de rapport établi par la loi entre la monnaie d'or et celle d'argent. La valeur du *peso* est soumise aux fluctuations du change ; elle correspond actuellement à environ 1 fr. 80. Les monnaies suivantes ont été établies par la loi du 11 févr. 1895.

MÉTAL.	NOMS DES PIÈCES	DIAMÈTRE des pièces	TITRE	POIDS
		millim.	millièmes	gr.
OR	Condor 20 pesos	27	916.66	11.98207
	Doblon 10 pesos	21		5.99103
	Escudo 5 pesos	16 1 2		2.99551
ARGENT.	Peso	35	835	20
	20 centavos..	24 1 2		4
	10 — ...	17		2
	5 — ...	14 1 2		1

XXX. *Bolivie*. La Bolivie a l'étalon unique d'argent ;

Fig. 65. — 10 centavos en nickel (Bolivie).

l'unité monétaire est le *boliviano* ou *peso* d'argent dont la valeur au pair serait de 5 fr.

MÉTAL.	NOMS DES PIÈCES	DIAMÈTRE des pièces	TITRE	POIDS
		millim.	millièmes	gr.
ARGENT.	Boliviano.	35	900	25
	50 centavos.	30		12.5
	20 —	23		4.5
	10 —	18		2.25
	5 —	15		1,125
NICKEL..	10 —	25	Nickel.. 25 Cuivre. 75	5
	5 —	20		2.5

XXXI. *Uruguay*. La république de l'Uruguay a l'étalon d'or : l'unité monétaire est la piastre nationale en or, du poids de 1gr.,697, au titre de 917 millièmes. Le *doblon* d'or, du poids de 16gr.,97, créé par la loi du 23 juin 1862, au titre de 917 millièmes, n'a jamais été frappé, non plus que la piastre d'or. Les seules pièces qu'on ait émises sont en argent et en bronze.

MÉTAL.	NOMS DES PIÈCES	DIAMÈTRE des pièces	TITRE	POIDS
		millim.	millièmes	gr.
ARGENT	1 peso.	37	900	25
	50 centesimos.	33		12.50
	20 —	23		5
	10 —	18		2.50
BRONZE	1	35	Cuivre. 95	20
	2 —	30	Étain.. 4	10
	1 centesimo.	25	Zinc... 1	5

XXXII. *République Argentine*. L'unité monétaire ins-tituée par la loi du 5 nov. 1881 est la piastre ou *peso* d'or ou d'argent. Au pair, le peso vaudrait 5 fr. ; l'argen-

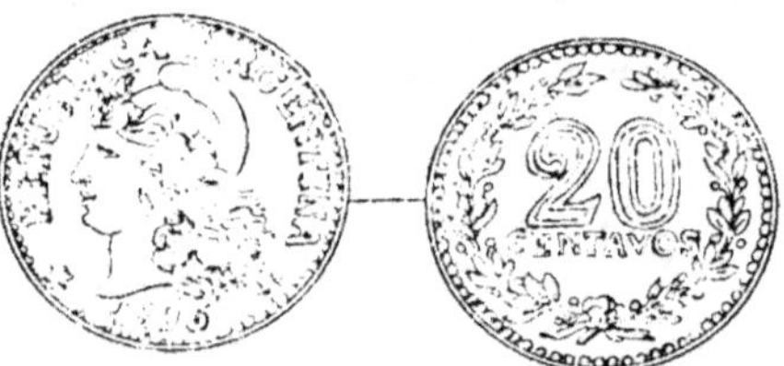

Fig. 66. — 20 centavos en nickel. République Argentine.

tino d'or vaut 25 fr. Une loi du 4 déc. 1895 a créé les monnaies de nickel.

MÉTAL	NOMS DES PIÈCES	DIAMÈTRE des pièces	TITRE	POIDS
		millim.	millièmes	gr.
OR	Argentino.	22	900	8,0645
	1 2 argentino.	19		4,0322
ARGENT	1 peso.	37		25
	50 centavos.	30		12.5
	20 —	23	900	5
	10 —	18		2.5
	5 —	16		1,25
NICKEL..	20 —	21	Nickel. 25	4
	10 —	19	Cuivre. 75	3
	5 —	17		2
BRONZE	2 —	30	Cuivre. 95	10
	1 centavo.	25	Étain.. 4	5
			Zinc... 1	

Si l'on envisage, dans leur ensemble, les tableaux qui précèdent, on voit que le monde civilisé a fait, depuis un demi-siècle, de grands pas dans la voie de l'uniformisation des systèmes monétaires, comme aussi des systèmes métriques en général. Le mouvement a été provoqué par l'Union latine de 1865 entre la France, l'Italie, la Belgique, la Suisse et la Grèce. Successivement d'autres Etats, sans faire partie de l'Union, ont frappé des monnaies similaires à celles de l'Union, lors même que leur système n'y est pas adapté dans toutes ses parties : ce sont la Roumanie, la Bulgarie, l'Espagne, l'Autriche-Hongrie, la Serbie, la Finlande, la Perse, la Colombie, le Vénézuéla, l'Equateur, le Pérou, le Chili, l'Uruguay, la République Argentine. D'autre part, l'Allemagne a groupé sous un régime différent tous les Etats de la confédération germanique. Les trois Etats scandinaves, Suède, Norvège et Danemark, ont aussi une Union monétaire distincte. L'Angleterre et ses colonies, et enfin les Etats-Unis forment les deux autres groupes monétaires importants qui règnent sur le marché commercial du monde. Il est aisé de se rendre compte que ce sont les traditions ou la routine, l'amour-propre national et parfois aussi des raisons d'intérêt qui entravent la marche des réformes ; nous devons souhaiter que le XXe siècle triomphe de ces préjugés et de ces obstacles si nuisibles au commerce international et voie enfin fonctionner un système monétaire unique dans le monde entier.

XXI. LA FAUSSE MONNAIE. — La doctrine monétaire que nous avons exposée plus haut, et qui est immuable pour tous les temps et toutes les civilisations, explique comment la fabrication de l'instrument des échanges est devenue partout un droit régalien et pourquoi les empiétements des particuliers sur ce droit, c.-à-d. le faux monnayage, sont bien autre chose qu'une simple escroquerie, un délit de falsification ou de fraude vis-à-vis d'un monopole de l'État. C'est un principe inéluctable et universel que la fausse monnaie, quand elle parvient à se propager en abondance, « chasse la bonne » : d'où il suit qu'elle aboutit nécessairement a jeter la perturbation dans les relations commerciales, à ruiner les citoyens, à tuer le crédit d'une nation. Nous avons vu d'anciens jurisconsultes comme Nicolas Oresme et Copernic placer, avec un juste effroi, la fausse monnaie au nombre des quatre plus grandes calamités qui puissent accabler un pays. Aussi la fabrication de la fausse monnaie a-t-elle été, dans tous les temps et chez tous les peuples, châtiée non seulement comme une usurpation d'un droit régalien, mais comme un crime de lèse-société, et par là s'explique la terrible rigueur des pénalités partout édictées contre ce crime.

A Athènes, une loi de Solon, encore en vigueur au temps de Démosthène, condamnait à mort les faux monnayeurs, et il en était de même dans les autres villes grecques (Démosth., *adv. Timocr.*, 805). Diogène Laerte (VI, 20) nous apprend que le père du philosophe Diogène fut accusé du crime de fausse monnaie. A Rome, la peine capitale avec confiscation des biens était le châtiment ordinaire des faux monnayeurs; parfois aussi, c'était l'exposition aux bêtes, le travail dans les mines, la déportation. Cela n'empêcha pas, surtout à partir du IIIe siècle, les ateliers de faux monnayeurs de pulluler dans toutes les provinces, d'où les terribles conséquences économiques que nous avons signalées. Saint Jérôme (*Vita Pauli eremita*) parle des faux monnayeurs cachés dans les montagnes de la Thébaïde ; nos musées possèdent des moules à fausse monnaie romaine trouvés sur le sol de la Gaule et ailleurs. Aussi, dans le siècle de Dioclétien et de Constantin, les lois répressives redoublent de rigueur : on promet des récompenses aux délateurs, aux complices traîtres à leurs associés ; dans le code Théodosien, les coupables sont condamnés à être brûlés vifs (*Cod. Théod.*, IV, 21 à 23). Les mêmes pénalités restent en vigueur dans le haut moyen âge pour les pays de droit latin.

Dans les lois germaniques, le châtiment des faux monnayeurs est l'amputation de la main droite. L'édit de Pîtres sous Charles le Chauve, en 864, parle à trois reprises de l'amputation de la main (§§ 13, 16 et 23) ; les lois lombarde et wisigothe portent la même peine, et la loi anglo-saxonne d'Ethelstan ajoute que la main coupée devra être clouée sur la porte de l'hôtel des monnaies (Engel et Serrure, *Traité*, t. I, p. LXXI). Durant la période féodale, le morcellement du droit régalien de monnayage et la multiplicité des ateliers favorisèrent les entreprises des faux monnayeurs, d'où un redoublement de cruautés à leur égard : on leur coupe une oreille, on leur crève les yeux, on les condamne à la pendaison ou à périr dans l'eau bouillante. Et ces châtiments sont infligés non pas seulement à ceux qui fabriquent à bas titre des pièces d'or ou d'argent ayant l'aspect extérieur des monnaies officielles, mais encore à tous ceux qui rognent et liment les espèces circulantes et qu'on appelait les *billonneurs*, à ceux qui introduisent dans un pays des espèces prohibées, à ceux qui fondent ou exportent la monnaie légale. D'innombrables ordonnances ou édits des souverains de chaque pays, et même des actes de conciles et des bulles de papes s'élèvent contre ces abus et ordonnent aux gens de justice de les réprimer avec la dernière rigueur.

Parmi les très nombreux procès de faux monnayeurs au moyen âge, dont les dossiers nous sont conservés dans les archives publiques, un des plus émouvants est, à coup sûr, celui de l'orfèvre Louis Secrétain, condamné à Tours, en 1486, à être bouilli et pendu, après avoir été convaincu du crime de fausse monnaie. Le jour du supplice, Secrétain fut amené de la prison sur la place Foire-le-Roi, à Tours, où l'on avait installé sur un brasier une immense chaudière remplie d'eau. Le malheureux fut garrotté et jeté par le bourreau dans la chaudière ; mais l'eau n'avait pas atteint tout à fait le degré d'ébullition et, en se débattant, le patient se dégagea de ses entraves. Il reparaissait à la surface de l'eau, tendant à la foule muette d'épouvante des bras suppliants et criant : « Jésus ! miséricorde ! » Le bourreau, armé d'une fourche en fer, lui en assénait de violents coups sur la tête pour le forcer à se replonger au fond de la cuve. La foule et les juges eux-mêmes exaspérés finirent par crier : « A mort, le bourreau ! » Il s'ensuivit une échauffourée dans laquelle le bourreau fut tué et Secrétain délivré. Le malheureux, à demi cuit, fut transporté dans une église voisine où il trouva un asile jusqu'à ce que la grâce du roi vint enfin le rendre à la liberté (Carré de Busserolle, *les Usages singuliers de Touraine. Le supplice des faux monnayeurs* ; Tours, 1884, in-8).

Le droit monétaire étant un droit régalien, la connaissance du crime de fausse monnaie était, dans l'ancienne monarchie, dans les attributions de la cour royale des monnaies. Aux xvii⁰ et xviii⁰ siècles, la peine de mort continua à être le châtiment des faux monnayeurs, mais son application en était moins barbare que dans les temps antérieurs : c'était généralement la pendaison.

La législation de 1791, en abolissant les droits régaliens, voulut se montrer moins sévère que notre ancien droit vis-à-vis des faux monnayeurs : elle considéra ce crime comme un simple vol avec circonstances aggravantes, et elle le punit de quinze ans de fers. Mais la loi du 14 germinal an XI dut rétablir la peine de mort « à cause de la gravité de ce crime et des alarmes qu'il répand dans la société ». C'est la doctrine traditionnelle qui prévalut également lors de la revision du Code pénal en 1832. « Le crime de fausse monnaie, dit l'exposé des motifs, est un de ceux qui créent le plus d'alarmes : en ébranlant la confiance qui est due à la monnaie nationale, il fait disparaître toute sécurité des transactions de la vie civile. » Telles sont les considérations d'ordre social qui ont fait édicter, en 1832, la peine des travaux forcés à perpétuité pour le faux monnayeur, dont le crime est placé dans la catégorie des crimes contre la paix publique.

Des criminalistes se sont, à la vérité, élevés contre cette pénalité qu'ils trouvent excessive, prétendant que les alarmes provoquées par la fausse monnaie ne sont pas justifiées ;

faisant valoir qu'une fausse pièce ou quelques fausses pièces mises en circulation, ne portent en réalité qu'une bien minime atteinte à la fortune publique et que, la plupart du temps, celui qui, de bonne foi, a reçu une fausse pièce, la fait à son tour passer pour bonne, sans se douter qu'il est complice d'une fraude. On dit encore qu'il y a, en réalité, moins d'ignominie dans le crime de fausse monnaie que dans le vol pur et simple. « Si les fausses pièces sont reçues dans la circulation, le fabricateur ne sait pas même à quelles personnes il fait tort. Il peut espérer qu'on sera longtemps trompé sur la valeur de ces pièces; qu'elles passeront de main en main; que celui qui les aura reçues pour bonnes les donnera pour bonnes, et, par conséquent, n'y perdra rien. Le moment où le dommage se fera sentir est incertain... Le faux monnayeur peut se faire bien plus illusion sur le dommage qu'il fait éprouver que le voleur qui, sans aucun échange, s'empare de la chose d'autrui; son crime a quelque chose de vague qui le rend moins coupable. » (M. de Molènes, *De l'humanité des lois criminelles et de la jurisprudence*, p. 333; V. aussi les appréciations d'Adolphe Chauveau et Faustin Hélie, *Théorie du Code pénal*, t. II, chap. XXII.) D'autres juristes croient que si notre code punit aussi sévèrement le crime de fausse monnaie, c'est uniquement parce qu'il est une offense faite à la personne du prince et une usurpation d'un droit régalien dont tous les gouvernements se montrent particulièrement jaloux. « Comme c'est au roi seul (aujourd'hui à l'État) qu'il appartient de faire battre monnaie dans son royaume et de lui donner juste valeur, on commet nécessairement un crime de lèse-majesté lorsqu'on s'arroge le droit de la fabriquer sans sa permission. » (Mayart de Vouglans, *Lois criminelles*, p. 141.)

Il est possible, répondrons-nous à la première de ces deux théories, que le faux monnayeur soit moralement moins méprisable qu'un voleur vulgaire; mais la société a, par devers soi, l'obligation rigoureuse de se prémunir contre la fausse monnaie, et elle ne saurait le faire que par des mesures de la plus extrême sévérité. Sans doute, quelques pièces fausses lancées dans la circulation n'apportent pas un trouble réel dans les transactions, et l'on peut dire que le tort est léger, le péril chimérique; et cependant, si la répression n'était pas aussi terrible et, à vrai dire, aussi disproportionnée, la fausse monnaie, devenant sans cesse plus abondante, inonderait vite le marché : l'histoire est là pour l'attester par les crises et les catastrophes engendrées par les fraudes monétaires. Ce n'est point, enfin, simplement par un respect suranné pour un ancien monopole régalien, dont il serait encore étroitement jaloux, que l'État moderne prolonge au milieu de nous des lois draconiennes contre les fabricants de fausse monnaie ou de faux billets de banque ; c'est pour protéger efficacement la société contre les désastreuses conséquences qu'entraine la pratique du faux monnayage quand elle vient à se développer.

Le crime de fausse monnaie affecte donc le caractère de crime contre la chose publique, surtout parce que son exécution trouve la plus entière facilité dans la circulation rapide des produits du faux monnayage. Actuellement, la matière est réglée par les art. 132 à 138 du C. pén., revisés par les lois des 28 avr. 1832 et 13 mai 1863. Le Code pénal, en fait de fausse monnaie, distingue trois séries de crimes et deux séries de délits.

La première série de crimes comprend la contrefaçon ou l'altération des monnaies nationales d'or ou d'argent, l'émission, l'exposition ou l'introduction en France desdites monnaies contrefaites ou altérées ; la peine est celle des travaux forcés à perpétuité (art. 132, § 1). La seconde série de crimes embrasse la contrefaçon ou l'altération des monnaies nationales de billon ou de cuivre, l'émission, l'exposition ou l'introduction en France desdites monnaies contrefaites ou altérées ; la peine est celle des travaux forcés à temps (art. 132, § 2). Mais notre Code, comme les lois anciennes, encourage la délation : les coupables de fausse monnaie sont exempts de peine si, avant la consommation des crimes et avant toutes poursuites, ils en ont donné connaissance et révélé les auteurs aux autorités constituées, ou si, même après les poursuites commencées, ils ont procuré l'arrestation des autres coupables. La troisième série de crimes concerne la contrefaçon ou l'altération des monnaies étrangères, l'émission, l'exposition ou l'introduction en France desdites monnaies contrefaites ou altérées ; la peine est celle des travaux forcés à temps (art. 133). La loi considère comme une tentative de démonétisation ou d'altération le fait d'imprimer, à l'aide d'un poinçon, une contremarque quelconque sur une monnaie d'or, d'argent ou de bronze; elle punit enfin le fait d'utiliser une monnaie pour un usage autre que celui de monnaie si, pour l'adapter à cet usage, on a fait subir à la pièce une modification qui puisse être considérée comme une démonétisation.

Les deux séries de délits sont les suivantes : 1° le fait de colorer les monnaies de cuivre ou d'argent, nationales ou étrangères, ou le fait d'émettre ou introduire en France lesdites monnaies colorées; la peine est un emprisonnement de six mois à trois ans (art. 134); 2° le fait de faire usage sciemment, c.-a-d. après en avoir vérifié ou fait vérifier les vices, des monnaies fausses reçues pour bonnes; la peine est une amende triple au moins et sextuple au plus de la somme représentée par les pièces rendues à la circulation (art. 135, § 2).

La loi ne punit pas la contrefaçon des pièces qui n'ont plus cours, soit en France, soit à l'étranger, et qui sont devenues de purs objets de curiosité ou de collection.

BIBLIOGRAPHIE

Bibl.. : J. Eckhel, *Doctrina numorum veterum* ; Vienne, 1792 à 1798, 8 vol. in-4. — Barclay V. Head, *Historia numorum* : Londres, 1887, in-8. — Fr. Lenormant, *la Monnaie dans l'antiquité*, 1878, 3 vol. in-8. — Th. Mommsen, *Histoire de la monnaie romaine*, trad. par le duc de Blacas, 1865-1873, 4 vol. in-8. — William Ridgeway, *the Origin of mettallic currency and Weight Standards* : Cambridge, 1892, in-8. — E. Babelon, *les Origines de la monnaie*, 1897, in-12. — Vasquez Queipo, *Essai sur les systèmes métriques et monétaires des anciens peuples*, 1859, 3 vol. in-8. — J. Brandis, *Das Münz-Mass und Gewichtswesen in Vorderasien* ; Berlin, 1866, in-8. — Friedrich Hultsch, *Griechische und römische Metrologie*, 2ᵉ édit. ; Berlin, 1882, in-8. — J. Letronne, *Considérations générales sur l'évaluation des monnaies grecques et romaines* ; 1817, in-4. — M. Soutzo, *Étalons pondéraux primitifs*, Bucarest, 1884, in-4. — Du même, *Systèmes monétaires primitifs de l'Asie Mineure et de la Grèce* ; Bucarest, 1884, in-4. — Du même, *Recherches sur les origines et les rapports des poids et des monnaies dans l'antiquité* (Mémoires publiés dans la *Revue numismatique*, 1895 à 1898). — Percy Gardner, *the Types of greek Coins* : Cambridge, 1883, in-4. — Michel Chevalier, *la Monnaie et ses dérivés*, 1872, in-8, 2ᵉ éd. — Stanley Jevons, *la Monnaie et le Mécanisme de l'échange*, 1890, in-8. — A. Arnauné, *la Monnaie, le Crédit et le Change*, 1894, in-8. — A. Dalsème, *la Monnaie, histoire de l'or, de l'argent et du papier*, 1887, in-12. — L. Wolowski, *l'Or et l'Argent*, 1870, in-8. — Frère-Orban, *la Question monétaire* : Bruxelles, 1874, in-8. — H. Cernuschi, *Anatomie de la monnaie*, 1886, in-8. — Du même, *Or et Argent*, 1874, in-8. — Du même, *la Monnaie bi-métallique*, 1875, in-8. — Du même, *le Pair bi-métallique*, 1887, in-8. — E. de Laveleye, *la Monnaie et le bi-métallisme international*, 1891, in-8. — L. Poinsard, *la Question monétaire*, 1895, in-8. — Edmond Théry, *la Crise des changes*, 1894, in-8. — Du même, *Objections formulées contre le bi-métallisme international*, 1896, in-8. — Louis Theureau, *les Systèmes monétaires*, 1896, in-8. —

Charles H. Swan, *Monetary Problems and reforms* ; New-York, 1897, in-8. — E. Levasseur, *la Question de l'or*, 1858, in-8. — J. Bryan, *la Question monétaire, The first Battle* ; Chicago, 1897, in-8. — J. Bertrand, dans le *Journal des Savants*, déc. 1897 et suiv. — Raphaël-G. Lévy, *l'Évolution monétaire*, dans la *Revue des Deux Mondes*, nov. 1896. — Paul Leroy-Beaulieu, *l'Inanité des campagnes bi-métallistes*, dans l'*Économiste français* de mars et avr. 1896. — Louis Jacquemier, *la Question monétaire*, 1896. — L. Bamberger, *le Métal-argent à la fin du XIXe siècle*, trad. de G.-R. Lévy, 1895, in-8. — C. Roswag, *l'Argent et l'Or*, 1895, 2 vol. in-8. — Adolphe Houdard, *le Malentendu monétaire*, 1898, in-8. — Clément Juglar, *Des crises commerciales et monétaires de 1800 à 1857*, dans le *Journal des Économistes*, 2e éd., t. XIV. — Du même, *Enquête sur les principes et les faits généraux qui régissent la circulation monétaire et financière*, 1867, in-4. — Du même, *des Crises commerciales et de leur retour périodique en France, en Angleterre et aux États-Unis*, 2e éd., 1889, in-8. — Alphonse Allard, *la Crise de la monnaie*, 2e éd., 1885, in-4. — Léon Walras, *Théorie de la monnaie* ; Lausanne, 1886, in-8. — J. Wolters, *l'Or et l'Argent dans leurs fonctions monétaires* ; Bruxelles, 1890, in-4. — Alexandre Del Mar, *A history of money in ancient Countries* ; Londres, 1885, in-8. — Du même, *Money and Civilisation* ; Londres, 1886, in-8. — H. Dannenberg, *Grundzüge der Münzkunde* ; Leipzig, 1891, in-12. — H. Halke, *Einleitung in das Studium der Numismatik* ; Berlin, 1882, in-8. — Stanley Lane Poole, *Coins and medals, their place in history and art* ; Londres, 1885, in-8. — E. Schlosser, *Die Münztechnik* ; Hanovre, 1884, in-8. — A. de Barthélemy, *Essai sur la monnaie Parisis*, 1875, in-8. — Du même, *Sur l'origine de la monnaie tournois*, 1896, in-4. — Adolphe Vuitry, *les Monnaies et le Régime monétaire de la monarchie féodale, de Hugues Capet à Philippe le Bel, 987-1285*, dans les *Séances et travaux de l'Acad. des sciences morales et polit.*, 1876. — Du même, *les Monnaies sous Philippe le Bel et ses trois fils*, dans le même recueil 1878 et 1880. — Du même, *les Monnaies sous les trois premiers Valois*, dans le même recueil, 1881 et 1883. — Du même, *Études sur le régime financier de la France avant la Révolution*, 1887 et 1883, 3 vol. in-8. — C. Leber, *Essai sur l'appréciation de la fortune privée au moyen âge*, 1847, in-8. — L'abbé Hanauer, *Études économiques sur l'Alsace ancienne et moderne*, 1876-78, 2 vol. in-8. — L. Blancard, *Essai sur les monnaies de Charles Ier de Provence*, 1868, in-8. — Vicomte d'Avenel, *Histoire économique de la propriété, des salaires, des denrées, etc., depuis l'an 1200 jusqu'à l'an 1800*, 1894, 2 vol. in-8. — Ad. Soetbeer, *Matériaux pour faciliter l'intelligence et l'examen des rapports économiques des métaux précieux et de la question monétaire*, trad. Raingeisen, 1889, in-fol. — Cornelio Desimoni, *la Moneta e il rapporto dell'oro all'argento* ; Rome, 1895, in-4. — N. Papadopoli, *le Bimétallisme à Venise, au moyen âge* ; Bruxelles, 1892, in-8. — M. de Marcheville, *le Rapport entre l'or et l'ar-*

gent au temps de saint Louis, dans l'*Annuaire de la Société de numismatique*, 1890 et 1891. — Louis BLANCARD, même sujet, dans le même recueil, 1890 et 1891. — M. DE VIENNE, *De l'Usurpation dans le monnayage féodal*, dans les *Mémoires de l'Académie de Stanislas*; Nancy, 1891. — Du même, *Fin du monnayage féodal en France*; Nancy, 1897. — M. PROU, *Catalogue des monnaies mérovingiennes et carolingiennes de la Bibliothèque nationale*, 1893 et 1896, 2 vol. in-8. — A. DE FOVILLE, *Rapports au ministre des finances*, 1896 et 1897, 2 vol. in-8. — W.-A. SHAW, *Histoire de la monnaie, 1252 à 1894*, trad. Raffalovich; Paris, 1896, in-8. — Nicolas ORESME, *Traictié des monnoies*, éd. Wolowski, Paris, 1864, in-8. — Abot DE BAZINGHEN, *Traité des monnoies*; Paris, 1764, 2 vol. in-4. — DU CANGE, *Glossarium mediæ et infimæ latinitatis*, vº *Moneta*. — LE BLANC, *Traité historique des monnoies de France*, 2 éd., 1692, in-4. — Jean BOIZARD, *Traité des monoyes*; Paris, 1692, in-12. — Natalis DE WAILLY, *Mémoire sur les variations de la livre tournois*, 1857, in-4. — F. DE SAULCY, *Recueil de documents relatifs à l'histoire des monnaies des rois de France*; Paris, 1887 à 1892, 4 vol. in-4. — H. GROTE, *Münzstudien*; Leipzig, 1857-1877, in-8. — Adrien BLANCHET, *Nouveau manuel de numismatique du moyen âge et moderne*, 1890, 2 vol. in-12. — A. ENGEL et SERRURE, *Traité de numismatique du moyen âge*, 1891 et 1894, in-8 2 vol. parus. — Les mêmes, *Traité de numismatique moderne et contemporaine*, 1897, in-8 1 vol. paru. — E. DEWAMIN, *Cent ans de numismatique française, 1789-1889*, in-fol. 2 vol. parus. — Pour la bibliographie de la monnaie française: A. ENGEL et SERRURE, *Répertoire des sources imprimées de la numismatique française*, 1887-89, 3 vol. in-8.

DROIT PÉNAL. — BLANCHE, *Étude sur le C. pén.*, t. III, nºˢ 9 et suiv. — BOITARD, *Leçons de dr. crim.*, nºˢ 243 et suiv. — CARNOT, *C. pén.*, t. I, pp. 132 et suiv. — CHAUVEAU et HÉLIE, *Th. c. pén.*, t. II, nºˢ 559 et suiv. — DUTRUC, *C. pén. modifié*, pp. 91 et suiv. — DOUBLET, *Du crime de fausse monnaie*, dans *Rev. prat.*, t. XXX, pp. 5 et suiv. — GARRAUD, *Traité dr. pén.*, t. III, nºˢ 64 et suiv. — HAUS, *Législ. crim. belg.*, t. II, pp. 30 et suiv. — HÉLIE, *Prat. crim.*, t. II, nºˢ 212 et suiv. — LEGRAVEREND, *Tr. législ. crim.*, t. II, pp. 324 et suiv. — LE SELLYER, *Tr. de la criminalité*, t. I, nºˢ 311 et suiv. — NOUGUIER, *Tr. mat. C. assises*, t. IV, nºˢ 1701 et suiv. — RAUTER, *Tr. th. et prat. dr. crim.*, t. II, nºˢ 328 et suiv. — ROSSI, *Tr. dr. pén.*, t. II, pp. 262 et suiv.

TABLE DES MATIÈRES

29-9-8. — TOURS, IMPRIMERIE E. ARRAULT ET Cⁱᵉ

www.ingramcontent.com/pod-product-compliance
Lightning Source LLC
LaVergne TN
LVHW050749200726
843507LV00001B/85